U0641970

从苹果气泡汁到再见的指南书

一个英国人眼中的德国

亚当·弗莱舍　著

李旭东　译

插图由罗伯特·M.肖恩绘制

人民东方出版传媒

东方出版社

丰盛的早餐，提前安排好未来几年你的所有假期，理性穿着，服从小红人指挥！

《一个英国人眼中的德国》列出了那些能够让你在德国愉快生活的各种小怪招。本书是为所有外国人和那些有时感觉对自己国家不甚了解的德国人编写的必读书。从书中我们可以了解到为什么德国人可以如此自由地谈"性"，为什么他们对《明镜在线》如此痴迷，以及为什么他们都梦想着在苹果气泡汁的湖里裸泳。最后，亚当·弗莱舍在给德国的求爱信里唯一要说的就是"一切都明白了"。

亚当·弗莱舍

一位而立之年生活在柏林的秃头英国人。他不写书和文章的时候，几乎把时间整天花在为他不甚成功的《潮人志》(The Hipstery) 全系列产品搞创意中，吃点巧克力、打打盹。他把这本书献给自己的东德女友安奈特，因为她给了自己大约 18000 次暗示，提醒他应该写这本书，而他现在真的只希望能够有片刻的和平和宁静。《一个英国人眼中的德国》源于网络博客系列文章。让亚当感到颇为吃惊的是，这些文章的阅读量已经超过了 100 万次，引发评论数千条，褒贬不一（这也直接带来了他补充的第 29 步：吹毛求疵）。亚当为本书增写了约 30 步，将原有的一些步骤做了扩写，附上了精美插图，遂成就此书。欲对亚当有更多了解，或者愿与他本人联系并告知其观点的对错可登录：http://hipstery.com.

罗伯特·M. 肖恩

德国美术设计自由撰稿人，隐修士。曾参选皮尔纳市市长。现在他把时间主要花在收集不知名的字体和以海豚为主题的剪贴画上。他已经成功走完了《一个英国人眼中的德国》中的 37 步，但却断然拒绝等着"小红人"或者找一份"正经的"工作。

目 录

前　言 1

1 穿上你的家居鞋 1

2 吃一顿漫长的早餐 3

3 规划、准备和流程 6

4 买保险 9

5 穿着严谨 11

6 说德语 13

7 外个包、下个载和升个级 18

8 服从小红人指挥 21

9 喝苹果气泡汁 23

10 喝混合饮料 26

11 品尝德国食品 28

12 熟悉你的土豆 30

13 答案是带土豆沙拉来 32

14 吃德国面包 34

15 "吃饭时间!" 36

16 痛恨德国广播电视收费中心及音乐演出和

作品版权协会 39

17 学会用除开瓶器之外的其他任何东西开啤酒....43

18 直奔主题 45

19 自由谈性 47

20 星期天不做事 49

21 看《犯罪现场》..51

22 不看《明镜在线》就不知道真相 53

23 永远送上友好的祝福 55

24 干杯!!! 58

25 喝生态饮料,买生态产品 60

26 回收利用 63

27 遵守规则 66

28 爱车 70

29 吹毛求疵 73

30 审问笑话 76

31 不要用烛火点烟 79

32 上悬窗 82

33 对柏林的复杂感情 85

34 讨厌巴伐利亚 87

35 讨厌萨克森方言 89

36 站稳立场与尊重分歧 91

37 逃票 93

38 取得资格证书 96

39 把你的简历写长一点 99

40 找一份"正经的"工作 103

41 不会讽刺挖苦 105

42 学会享受官僚体制 109

43 好的，好的；那好吧；原来如此；明白了；

就这样 112

44 实用胜过一切 114

45 旅行也要严阵以待 117

46 懂得过生日是很严肃的事情......................... 120

47 除夕夜看《一个人的晚宴》............................. 123

48 忘掉你曾经听说过的烟火吧......................... 126

49 讨厌流行音乐，但歌词耳熟能详 129

50 说"再──见──"... 133

前　言

"你想搬到莱比锡吗？"

"我不知道它在哪儿。"我答道。

"它在东德。"

"噢，嗯，好啊，为什么不呢。"

这就是让我搬到德国的一段对话。当时我正站在父母位于英格兰剑桥家的卧室里，同将成为我老板的那个人通着电话。那是2007年热得出奇的夏天，我几个星期以前刚刚从大学毕业，已经找到了一份很不错的工作。这就意味着我可以同父母一起生活，偿还部分大学贷款。理论上来讲，这种安排符合常理，但结果并非如此美好。父母帮我洗了两周衣服、做了两周饭之后，我就已经像被关禁闭一样快要发疯了。或许即使电话那头说的是"莱比锡是西伯利亚的一个冰洞，也没有无线网络。"我仍会回答道："噢，嗯，好啊，为什么不呢。"

　　我一直认为我会出国而居，因为在英格兰我从没有强烈的在家的感觉。在这里，你得为自己感兴趣的东西不是足球形状而道歉，或者用品脱杯（品脱是容量单位，1 品脱 =0.568 升，品脱杯主要用于喝啤酒。——译者注）盛东西而道歉。这里擅长寒暄式聊天，可我却总是很难交到好朋友。我相信这绝对不是每个人的经历，但却是我的体会。因此我知道必须要离开这里了，但我从没想过我去的地方会是德国。这是一个从来没有显示在我雷达屏幕上的国家。我只是知道它的大体方位，在学校还学过一点点关于这个国家的情况，是从 1918 年起至 1945 年止。即使去年夏天我背包徒步旅行，绕着德国走了七八个国家，我也从来没有想过要去这个国家看一看。正如我说的那样，这个国家就从来没有在我的雷达上显示过。

　　直到突然的心血来潮和那通电话，再加上自己的无知，我才搬去了那里。这太好了，真的是太好了。毫无疑问，我在德国的第一年是我一生中最快乐的时光。收留我的那些和蔼可亲的德国人，他们向我展现的不仅仅是热情、好客和幽默，而这些是我以前从未拥有过的。差不多六年过去了，我仍旧自豪地称他们中的许多人是我的朋友。从莱比锡到柏林，这是我唯一乐居到可以称其为"家"的两个地方，尽管"家"这个词听起来显得老套一点。如果这本书仅被看作是某些蠢笨的外国人拿德国人的典型特征取笑的话，就会很容易将其抛之一边。我希望本书不会给人如此印象，而是让我对德国人民和文化的爱在戏谑玩笑中闪光。书中妙语随处可见，均源自我的个人经历和英国文化，以及恰当使用的德国文化。这个国家有太多值得向往和自豪之处，但矛盾的是任何形式的爱国主义在这里都被列为禁忌。

好吧，如果不让你们说出这句话，我就替你们说吧：我为成为一名德国荣誉国民而感到骄傲。如果你也想成为其中的一员，这本指南书的五十个简短步骤或许就会帮到你。让我们开始吧……

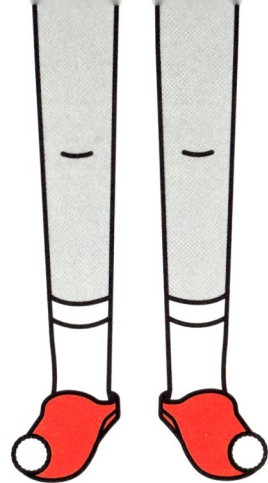

1 穿上你的家居鞋

好的，我们到了，我亲爱的外国人。你们梦想成为德国人的第一天生活现在开始。你或许已经从床上醒来，安卧在结实而实用的床垫上。现在你需要认真地整理你这半边的床铺。你应当睡的是由两个单人床垫和单人羽绒被合铺而成的双人床，尽管缺少了午夜浪漫的情调，但却足以从实用性方面得到更多的补偿，这也是德国人最为珍视的。

现在要当心了！暂时别离开床前的地毯，因为地板极有可能要比你预想的稍冷那么一点！冷到你可能会在早上打个寒战。这就是为什么你需要家居鞋！这是坚持德意志精神的必要条件。

我真想能够告诉你，德国人为什么如此钟爱家居鞋。我问了几位德国人，但都没有得到确定的答案。不是因为他们没有向我解释，而是因为答案简直一点儿都不浪漫，太过于理性和实际，而且枯燥乏味，所以我那快乐的喜欢光脚的小脑瓜不知道要将此类性质的信息储存何处，因此只好放弃了。

2 吃一顿漫长的早餐

对于来自英格兰的我而言，厨房对德国人的重要性让我大吃一惊。英国人往往把厨房当作纯粹一间功能室来看待，就像卫生间一样，所不同的是厨房里会有冰箱。你走进去，办完了要办的事，再出来。起居室才是家的中心所在。

这对德国人来说就是另一回事了。他们在厨房里待的时间是最长的，也是最快乐的时候。这里是整栋房子最实用的地方，有餐桌、水、咖啡、食物、收音机，以及需一丝不苟、正襟危坐的座位。他们很正确地认识到，如果出现不测，最好的应对方法就是躲藏在厨房里。

德国人早上吃的不是饭，而是佳肴。如果赶上周末，餐桌的每一平方英尺都会摆满各式肉类、乳酪、水果、火腿、面包酱和其他佐料。这看起来就好像是有人闯进来，翻找值钱东西的时候，把碗柜里的东西全部打翻在餐桌上一样。

当我第一次在德国合租房里（WG）同大家一起吃早餐时，因为吃的时间太长，我竟然陷入了一种早餐昏迷状态。他们不得不让我吃点 Eszet——一种放在面包上的巧克力长条蛋糕——才使我清醒过来。我不知道德国人可以把巧克力和面包配到一起吃，这简直太有启发性了。现在我可以拿任何东西配着 Eszet 一起吃了，而且我学会了如何在漫长的德式早餐中吃得再多点，也再慢点。

我所看过的最逊的游戏节目是英国的，名叫"碰货车"。它的游戏规则是（如果我可以如此大方地称它为游戏规则的话）：一群人都触摸着一辆货车，观众边等边看，最后一个与货车脱离接触的人就赢得了这辆货车。有时我感觉，这同吃德式早餐的规则类似，唯一不同的是货车变成了早餐。奖品嘛，嗯，实际上我并不完全确定到底是什么……或许是看谁能吃到距离午饭时间最短？

3 规划、准备和流程

到目前为止都不错。看看你，起得很早，又打开了收音机。毫无疑问，"赶时髦"乐队（Depeche Mode）的音乐已经放得震天响了，你正在缓缓地享用一顿漫长的德式早餐。年轻的外国人，你入乡随俗做得很好。

现在你需要进入德国人的顶层思维空间。如果你想成为德国人，就需要像德国人一样思考，这是一项重要任务。我们会在随后的几个步骤中详述。但是现在，你要开始接受德意志精神的三个核心信条，即规划、准备和流程。

一个真正的德国人要了解风险，尽量避免风险，避免不了的就为之做好预防准备。你就是自己的人寿项目经理，要规划好、准备好，自己做电子数据单、图表和清单。思考一下你每天都做什么，如何能够让其更有效率。

你是否可以调整一下鞋架摆放，把最常用的鞋放在更靠近上面的地方，以节省弯腰时间？我不在乎你是否才 17 岁，否则你得花近一分钟时间才能把鞋穿上。买支鞋拔吧！一定要优化你的各种做事流程！

　　并不是说自发性行为就不需要计划安排了。享受乐趣是要有时间和场所的，这也是需要提前做决定，并在日程表上标示出来的，否则就会变成草率了事的混乱局面。所以现在你就坐下来为今天制订一个计划，然后是周计划、月计划；再把你到2017年前的全部假期都安排好。为了更加简便起见，每次假期你可以只去同一个地方。西班牙的马略卡岛如何？其他德国人都去那里，这其中必有特别之处。

4 买保险

人人都知道外面是一片丛林，所以我们就构造了这条短语。因此，勇敢的外国人，在你走进这片丛林，开始从更高的枝杈飞荡而下之前，你最好还是理智地给自己投个保吧。当然，作为充满想象力的民族，德国人把"理智投保"这个概念发展到了颇为狂野的程度。

如果你遇到的德国人都有私人保险顾问的话，也不要惊讶。我女友同她保险顾问沟通的频率，比我和我母亲联系的次数还要多。如果有人发明了保险的保险——一种为自己买错保险而投保的险种——那么就让我们都看着8000万人高兴死吧。

保险推销员

5 穿着严谨

你已经为今天规划好了吗? 保险都买了吗? 好, 做得好! 现在就脱下你的懒汉服, 走出家门迎接这一天吧。你需要衣着得体。

"警告! 外国人! 警告!"外面的这个家伙叫大自然。自然多变且不可信! 它是按照自己逻辑不通、不断变换的曲调起舞的。穿衣最讲究的是安全。你需要——昂贵的户外装! 毕竟你是在户外活动。既然称作户外装, 就必有其用处。

无论何时, 你的着装都得足以应付至少三个

季节的变化。买几条时髦的狼爪（Jack Wolfskin）裤子：这种裤子解开拉链就是短裤。如果你有哪怕一点点离开人行道的可能性，就一定要穿一双高档登山靴。德国人把穿其他任何鞋都看作是脚踝自杀行为。

6 说德语

各民族都曾做过一些让人深感羞愧的事，这是其历史中的黑暗时刻。德国人也不例外。你知道我说的是什么——德语。德语基本上属于一些无法理解的例外情况的大杂烩，是用来捕获外国人，并把他们扣押为人质的牢笼，不停地用让人无法理解、绝大多数情况下毫无用处的语法规则鞭打外国人的。其唯一优点就在于，用极其明确的方式详述谁有什么，以及谁对谁说了什么。

对于想完全融入德国的你来说，坏消息就是你需要学习他们的语言。原则上，这没有那么困难。学习分为两个阶段：背单词和学语法。背单词很有趣。由于我们共有一个祖先，大多数词汇甚至同英语颇为相似，因此你会在一段时间内取得飞速进展，并真的很享受把你的舌头卷起来，拼出像这样让人兴致勃勃的词：Schwangerschaftsverhü-tungsmittel（避孕方法），Haarschmuckfachgeschäft（美发店），Muckefuck（麦芽咖啡）和 Streichelein-heiten（亲昵话）。

然后你满怀信心，带着这些不断积累的小成绩开始学习语法，即把你拼读的那些词粘连成真正连贯的德语句子的"油灰"。到这里，你才开始发觉自己被骗了。德语语法就是胡扯。

英语至少从语言学角度来讲，一直是屋子里最淫贱的荡妇，只会从其他语言那里交换词汇。它使尽浑身解数，让你喜欢上它，而它也

会让自己简化。对此我倾向的解释是，尽管德国人在拼命努力，却不像英国人那样能在国际语言力量角逐中获得同样成功。因此，与德语不同，历史上英语是被迫成为连接我们与被我们征服国家(抱歉，是殖民)之间文化和语言鸿沟的桥梁。多少年来，我们不得不削平英语里诸多较为粗糙的棱角。这是用诗一般的语言来表达"把所有复杂的部分都剔除掉"这个意思。

英语被迫通过一种德语所不及的方式在演变。这就是为什么德语保留了古英语的语法中的复杂性，而英语却忙着简化，以迎合民众的口味。

拿词性举个例子。古英语里有词性，但很久以前就为了减轻人们的负担而去掉了。遗憾的是，尽管德语目前仍固执地以 der（阳性定冠词）、die（阴性定冠词）和 das（中性定冠词）来表示词性，但完全是硬加上去的。当然，用词尾表示词性和一些词类还有某种模糊规律可循，比如一星期的每一天以及各月份都用 der。这种规律大概可以帮你掌握 30% 的名词词性。但还有 70% 的名词词性只能靠你用心去背，这样你才会正确变格。如果你愿意，也可以放弃记这些单词的词性。你现在知道我当时做了什么吧？看，我是多么会自嘲啊。无所谓了……

记词性是很浪费时间的（专业提示：一定要连着冠词记单词，如果事后返回再单独背冠词，就会事倍功半）。但是如果你不知道名词的词性，就无法为句子中的名词和形容词词尾准确地写出格，这样就完全没有意义了，也基本无助于提高理解力。但是如果去掉表示词性的词尾，你就会说出一些令人非常尴尬的话。比如一杯水的正确表达是 "ein großes Wasser"，你却说 "einer großer Wasser"。我知道，这听起来让人感觉很不舒服。

当然有比德语更难学的语言，这不是我要说的重点。英语也有其愚蠢之处，比如它固执地坚持不使用语音拼字法。但差别在于，英语很体贴地让人起步容易，之后慢慢带你上坡，并用最少的语法鼓励着你。而德语却把你重重地摔在峻岭脚下，扔下一句"祝你愉快"，就扬长而去，而你则缓慢而痛苦地开始爬山。

当我初次学习这种语言时，就基本上把我搞得晕头转向，只会干坐在那里不停地吐槽。我的一位朋友温和地提醒我，一些最具智慧的著作都是用这种语言写成的。首先你仅需要尊重它，之后再学会喜欢上它。

7 外个包、下个载和升个级

现在是 15 世纪，俄罗斯被蒙古人占领了。一位农夫和他的妻子在满是尘土的路上走着。一个蒙古兵骑马追到他们边上，告诉这位俄罗斯农夫，他现在就要和农夫的妻子发生关系，并强迫农夫观看。但是由于路上尘土太多，蒙古骑兵就对农夫说，他必须在整个性交过程中，始终握住这位骑兵的卵蛋，以免沾上尘土。蒙古骑兵完事后上马扬长而去。可想而知，这位俄罗斯农夫的妻子精神已经崩溃。她坐在地上呜咽着，而农夫却开怀大笑，还高兴地跳了起来。他的妻子百思不得其解地问道："经历了这样的事情之后，

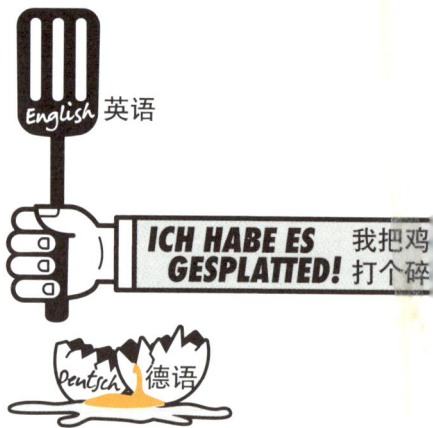

你怎么还能高兴地跳起来?"农夫答道:"噢,但笑到最后的人是我,因为他的卵蛋现在已经满是尘土了!"

当我听到德国人使用诸如 upgraden(升个级),getoastet(祝个酒),outgesourced(外个包)和downgeloaded(下个载)这种词的时候,我就会想起这则寓言。我所认识的大多数德国人都坚定地捍卫着自己的语言,就好像一只不会飞翔的小鸟在一群语言学狮子中间挣扎着,或者一枚易碎的卵蛋必须认真加以呵护,才能免受铲子一般英语表达法的侵袭。德国人使用英语表达法就是慵懒的营销商为了他们的广告语和推销词更具异域风情,而到处添加的一些滑稽的外来语,主要是英语术语。我认为这种担忧有其合理性。语言总是相互借鉴的,但对未来的英语而言,就会像一支队伍里某个特别兴奋的队员一样,与自己能够借用的词汇量相比,它会给予其他语言更多的词汇,主要就是因为其通用语言的地位。

但我亲爱的德国同胞们，当我发现你们在使用诸如"外个包"或者"下个载"这种词时，我的心不禁一沉。不仅是因为德语本身有完美的对应词，而你们还在使用英语单词和拼写方法，也是因为你们甚至用英语语法中的词缀 -ed 来改变时态，这可不是德语的一部分。所以现在我们借用了英语单词、英语拼法和英语语法，但这之后就像语言爱国主义最后尴尬的一幕那样，你们把毫无必要的德语前缀 ge- 硬是插在了英语词的中间。

每到这时，我就会想起那位俄罗斯农夫，他在已经输掉的一场战争面前却为自己一丁点胜利而窃喜。"噢，但是德语笑到了最后，因为它把 ge- 插在了英语词的中间！"

8 服从小红人指挥

德国人经常被夸大的典型特征就是他们喜欢遵守规则。我认为这都可以归结为一个发光的小红人的缘故。它就是过人行横道时的守护神和上帝。如果有人胆敢挑战它的权威性，在它还是红灯时，哪怕小心翼翼地迈到一条空路上，也会面临巨大的个人风险。

当然不是说跑不过去，毕竟路上空无一人。除非被一辆没有注意到的车撞上，否则你很安全。不，你所面临的真正风险是旁边德国人的蔑视、嘘声和"站住！"的叫喊声。他们会认为你是一个不负责任，可能还有自杀倾向的反社会人士。

站住！等到绿色小人出现了再过马路。把这个看作是精心安排的自控力练习吧。当你第一次走进移民局，发现那里的人都不说英语的时候，你就知道真的需要这种自控力，否则你会崩溃并要开枪了。

9 喝苹果气泡汁

好的，我最优秀的大无畏外国人，这一上午过得很累吧，是不是？你们想要成为德国人的高昂斗志让人感到非常振奋。让我们休息一会儿。渴了吗？我刚好知道有种饮料……

首先，你必须清楚，德国人对所有不起泡的饮料都有恐惧感，会让他们冒冷汗。富有喜剧色彩的是，你在德国看到游客和外国人买了标有"经典型"字样的水，猜想既然是"经典型"的水——那种黎明开始就从天而降的东西——一定是无气泡的纯净水，这里也是一样，不对吗？

不对！几百万年以来，水的历史已经被人们轻易忘记了。"经典型"水当然是指填充二氧化碳的水，你这个大傻瓜。学着喜欢这种水吧，如果不的话，当你去刚结识的德国朋友家的时候，如果你要喝自来水，他们就会把你当作在树林里发现的原始野人一样，身上只有自己的毛发遮盖着。

与此相关的是苹果气泡汁。你在电影中是否见过这样的情景：人们去寻求治疗，治疗师让他们想象一个幸福的地方？当世界变得既大而又可怕时，人们会奔向的那个安全而宁静之处？通常这样的地方就是海滩，或者儿时田园般房子前廊的那一把摇椅，或其他什么。

对德国人来讲，那个幸福的地方就是一片他们可以裸泳的苹果气泡汁饮料湖。他们盖了一整天的章，或者填了一整天的表格之后，可能已经疲惫不堪了，却又要面对着 15 页长的菜单，受困于选择的负担之时，德国人总是愿意回到自己幸福的地方，点上一

杯苹果气泡汁。它是那么的稳定、可靠，就像带气泡的水那样经典。

一个多世纪以来，德国人都因为发现了气泡水，以及拥有种类繁多的上等啤酒和麦芽酒酿酒厂而自鸣得意。他们不相信这些东西会变得更好，直到某个自作聪明的人试着往气泡水里加了点苹果汁，就创造了一种同样提神醒脑，但乐趣可以增加6%的饮料！这简直引发了一场骚动。

但是人们还没有准备好，因为这种饮料让人们太过开心了，它是用来在通宵迪斯科舞会上刺激味蕾的。当然，对你那可笑的外国味觉来讲，它的味道不会如此。苹果气泡汁对于你来说，就是它真正的味道——对气泡水单调味道的些许改进罢了。

10 喝混合饮料

　　德国人受到了苹果气泡汁饮料巨大成功的激励，使得这种近似国际性的饮料——抱歉，我的错——是国内专属热销饮品，让德国人继续自信地混合着各式饮料。每一天在某个地方一定有个节日要过，对吧？为以防万一，调制一杯潘趣酒（酒和果汁、蜂蜜、柠檬等勾兑而成的饮料，大多为苹果潘趣酒——译者注）会显得很有格调。德国南部那些推崇啤酒混合饮料的激进分子甚至会把整根香蕉直接扔进啤酒里。一些人认为这么做太极端了。很久以前人们曾为此划过一条理智之线，现在这条线已经被跨越了。但是德国人并没有因此偃旗息鼓，实际上他们才刚刚开始。人人都喜欢喝的甜甜的黑色粥状饮料——可乐——也不能幸免。人们都说，你不能把像可乐这样味道既浓又甜的东西，同像芬达这样味道既浓又甜的东西混合在一起，这对嘴来说简直就像一颗迷你广岛核弹。超市会引发骚乱，这太疯狂了。

不，德国人回答道，这就是 Spezi 饮料（可乐芬达混合饮料——译者注）。

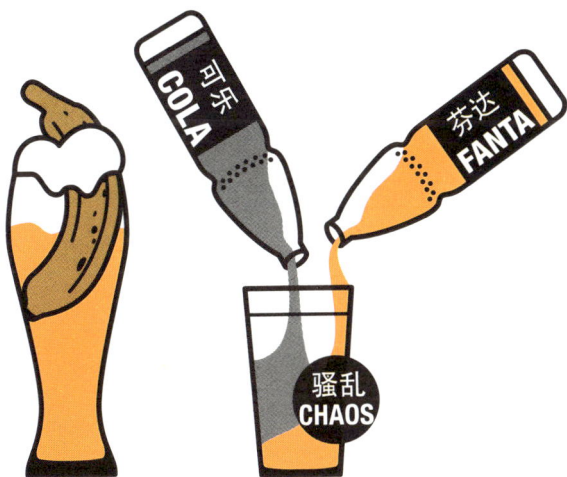

11 品尝德国食品

　　我听到的遥远地方传来的咕噜声，是从你肚子里发出来的吗？不用担心，我最亲爱的外国朋友，在这一部分里我们会——用我能调动的所有热情——让你看到这个既优秀而又讲究的民族的佳肴……

　　谈起德国美食就不能不说香肠，此时此刻你会猜想，我要用那根像棒子一样的传统德肠敲你的头，因此我就不这么做了。香肠很重要，但我认为与其说它味道如何，倒不如说是它代表了什么。香肠极其无聊。一个国家会把它提升到如此高的地位，说明这个国家是多么缺乏想象力啊。这一点一旦你品尝了更多德国食品，毫无疑问你就会认同的。

这里，肉是绝大多数菜肴的关键所在。在德国要做一名素食主义者，可能就像盲人在动物园里一样可笑。一年里唯一重要的时候就是"芦笋季"，这时整个国家都疯疯癫癫的，因为万能的芦笋被随处挥舞着，就像是某种美食魔法棒，碰巧是彼此长得都很像罢了。

最后，德餐对于食物界的意义就如同埃菲尔 65 乐队对流行音乐史的意义一样：存在，但主要是一个注脚。

12 熟悉你的土豆

无论谁，如果说德国人缺乏想象力都是错误的。他们只是把想象力集中用在了非常具体的领域，比如户外着装、官僚、能把句子憋死的复合词、混合软饮等。但或许其中让人印象最为深刻的就是土豆加工形式。在大多数国家，土豆都是按如下方式加工的：碾成泥、烘烤、水煮、煎炸，或者是切瓣——一种富于变化的现代奇迹。哎哟，这都太业余了。你可以用更多方式来处理土豆，正如德国人展示的那样。他们对待土豆是无所不用其极，可能还要再加上一两种方式。

要想成为德国人，你必须牢记并且定期烹饪至少十二种不同类型的土豆。在这里，这种简单的不起眼的蔬菜竟展现出如此丰富的形态，成了晚餐餐盘里的某种变色龙，可以轻松地在任何佳肴里伪装。

　　这里有一份德国人加工土豆方式的不完全清单：盐水煮去皮土豆、油煎马铃薯、土豆羹、土豆煎饼、土豆丸子／团子、马铃薯砂锅／奶油烤土豆、土豆沙拉、土豆汤、煎土豆片、烤土豆、油炸土豆丸子、土豆泥、土豆块、带皮烤马铃薯、油炸土豆条、香草土豆、迷迭香土豆。

　　这个单子还可以继续写下去，但是我现在已经饥肠辘辘了，幸好冰箱里还有马铃薯面条。你的冰箱里也应该有。走吧……

13 答案是带土豆沙拉来

你可能还记得，著名俄罗斯生理学家伊万·巴甫洛夫和他对狗的条件反射研究。他把这些狗训练成只要他摇响一个小铃铛，狗就会流口水。在他发现对于他这种心血来潮的想法狗太容易被驯服后，便开始寻找更加刺激的挑战，而这一挑战截至目前受到的关注也很有限。这一次他放弃了铃铛，而专注于同人打交道。他设计了另一个新颖的条件反射实验，只不过这次的实验对象是整个德国民族。他的目标就是：当任何人对一个德国人说，"请您参加一次聚会"，或者"让我们来一次烧烤吧"的时候，

KARTOFFELSALAT 土豆
98 % KARTOFFELN 98%
2 % SALAT 2%
= 100 % DEUTSCH 100%德

所有德国人都会本能地想到，"我要做一份土豆沙拉！"毫无疑问，如果你以前参加过这样的聚会，看到七个特百惠（塑料保鲜容器品牌——译者注）盆中都装满了土豆沙拉而无其他时，你就会意识到，他的实验获得了圆满成功。

14 吃德国面包

任何怀疑德国人对其面包认真程度的人要么是傻瓜，要么就是我，或者兼而有之，像我。当我第一次将书中的一些步骤放在网上时，我忘了提及德国面包，哪里也没提过。德国人可能因此会把酵母菌塞到我的电子邮件里，因为所有这些满含愤怒的邮件一直高居我电子邮箱收件箱榜首。

德国人对他们的面包的态度很认真。这一点反映在他们的面包上，同样一丝不苟。这与松软的不值一提的英国白面包不同，德国人把后者看作是对酵母菌的浪费，让人无法原谅，就像是一个孩子的指画被冒充为高级艺术品一样。的确，英国面包松软可爱，足以俘获人心。有时，我不确定是否应该拿它来做个三明治，还是枕上它睡一小觉。它对味蕾来讲犹如一个充气城堡。我可以看出你可能是多么不喜欢它，觉得太孩子气了。相比之下，一见到德国面包，我就有一种捶胸高喊"是"的冲动。德国面包包装非常有视觉冲击力，重量（理论上要比一个一般的新生儿还重）、颜色（丰富却偏暗，呃，嗯……就像沼泽泥）、质感（略潮但很硬）都很重要。如果这种面包掉到地上，估计会碎成上千块。好消息就是它富含营养而且容易有饱足感。坏消息就是，嗯，它的味道就跟德国面包一样。

15 "吃饭时间！"

德语以没有废话而著称，是直义语言。不管是名词，例如乳头这个词就完全冠以毫无浪漫感的词"胸上的瘊子"（Brustwarze），以及表义很直白的词如"抗婴儿药"（Antibabypille，即避孕药——译者注），还是在短语表达中，有时听起来你描述的好像并不是你的心情，而是一辆看不见的汽车在做机械运动："车动起来了"（Es läuft，即还可以——译者注），"车走起来了"（Es geht，即还不错——译者注），"通过"（Es passt，即合适——译者注），"一切就位"（Alles in Ordnung）。

了解这些内容对外国人来讲都是好的开端，但是要想成为一名真正的德国人，你必须学会使用所有表达中最直白也最令人困惑的问候语——

"Mahlzeit！"（Mahlzeit 原意为一餐或吃饭时间，后来成为饭前饭后打招呼用语，现在用作一般问候语——译者注）你可以把"Mahlzeit"翻译为"一餐"，或者更直白地翻译为"吃饭时间"。当我初到德国，坐在食堂吃午饭的时候，同事们会过来跟我说"Mahlzeit"。Mahlzeit？Mahlzeit？吃饭时间？嗯，当然了！你们看我是在吃东西嘛。我现在的确正在品尝我的土豆沙拉。我一边说话还一边在吃呢！我知道吃饭时间是有点早，但是我没吃早饭啊。你们不要给我扣帽子啦！

只有到那时候你才会意识到，这种表达并不是要提一个问题，而是修饰怪异的累赘性说法，就像一个小孩子穿着父母的衣服，随处游行致意一样。所以为了融入德国人的生活，你开始使用这

吃饭时间！！！

吃饭时间！

吃饭时间！！！

吃饭时间！

吃饭时间！！！

种表达方式。起初听起来很奇怪，但实际上非常有趣。之后你发现，在德国的许多地方，你都可以在任何你愿意的时间使用这种表达方法！尽管你知道人们正在酣睡，你也可以早上四点打电话把他们叫醒，祝他们"用餐愉快"。这简直是天才似的表达方式。但是之后这种新鲜感逐渐消失，你会思考在哪些其他场合也可以用它呢。你会好奇为什么不能把 -zeit（时间）加到除了吃以外的其他活动中，以表示敬意。但是德语的直义性始于直义，也止于直义。手套被称作"手鞋"（handshoes），但帽子却不是"头鞋"（headshoe）。看见有人喝酒了吗？你不能祝他们"喝得愉快"（Trinkzeit）；邻居又在大声做爱吗？你不能去按人家门铃，真心实意地祝他们"做爱愉快"（Fickzeit），而只能说"用餐愉快"。记住了吗？

16 痛恨德国广播电视收费中心及音乐演出和作品版权协会

　　吃饱了吗？或者德国人会说"satt？"很好，那么，我初来乍到的朋友，让我们把吃的放到一边，看看要想成为真正的德国人，你需要有一些什么样的态度和特殊才能。

　　就像超人有雷克斯·路德，卢克·天行者有达斯·维达，蝙蝠侠有小丑一样，历史里充满了正邪两方面标志性对立人物。德国人也不例外。他们正在同自己的大敌——德国广播电视收费中心（GEZ）以及音乐演出和作品版权协会（GEMA）——展开一场持久战。这两个机构被统称为娱乐警察。好吧，这是我自己编的，但是它们的确应该被统称为娱乐警察。GEZ 主管电视和广播，GEMA 主管音乐版权。它们负责征收使用许可费，并把这些费用收入公平地分配给公共电视频道和音乐艺术家们。我相信，起初它们从事的这些事业是高尚而有意义的。但是后来，就像所有坏小子一样，它们变了。它们沉醉于自己的权力之中，迈向了阴暗面，既庞大而又具有垄断性，成为全体德国人民痛恨的对象。

你不需要同德国朋友讨论他们对于 GEMA 或者 GEZ 的看法。让我帮你节省一点时间——德国人痛恨它们，把它们想象成是披着斗篷、操着娘娘腔的恶棍。它们顺着铂金（Berghain）夜店的天窗爬下来，搅散了另一场工业噪音电子音乐（Techno）聚会。"大家都很尽兴，不是吗？看上去你们都玩得很开心！那么谁要为开心买单呢？没错！就是你们这些小偷！"此时传来一阵狞笑，立体声音响被切断，灯光亮起。参加聚会的人集体高举拳头挥舞着。"该死的，GEMA！！"

与 GEZ 之战（这个机构现在已经改名叫"收

费服务中心"了）已经结束。如果你错过了这场战役的话，结果是德国输了。从 2013 年起，每个德国家庭按月都要向 GEZ 交一笔固定费用。这么做的唯一好处就是，现在 GEZ 太保敲我们家门，以证明我们的确有一台电视机或收音机这种猫捉老鼠的游戏可以停止了。我的女友从学生时代起，就对 GEZ 抱有极深的妄想症。我们第一次约会之后，我就开始在她那里过夜了。她让我坐下来，开始向我解释我的法律权利：如果 GEZ 的人站在家门口，

我是否应该帮她开门；如果我忘记了，只要门铃响了，她就会喊道："当心，可能是 GEZ！"我在这里开了一家公司以后，它们就开始不停地给我寄信。最终我发了恻隐之心，开始通过银行转账给它们付费。但是这件事我可不敢告诉我的女友，因为她对 GEZ 的仇恨深似海。如果她听我说，我每个月都从钱包里拿出 17.98 欧元给烧了，也要比把它交给 GEZ 更会让她高兴。

17 学会用除开瓶器之外的其他任何东西开啤酒

大约从 1738 年起，开瓶器就以各种形式存在了。为什么德国人可以用除开瓶器之外的其他任何东西开啤酒呢？其唯一符合逻辑的解释就是，直到2011 年开瓶器才传到这个国家。从那以后，他们都被怀疑的目光监视着，任何人只要被发现使用开瓶器，就被宣称为巫师，烧死在火刑柱上。我记得曾有一家网站，整整一年每天都会介绍一种开啤酒瓶的新方法。一些人说，当他们建议用乌龟壳开啤酒时，就说明他们已经江郎才尽了。但是，德国人不需要读这个博客，因为这些方法他们早已经知道了。用乌龟壳？这太容易了吧。试试思考更有想象力的方法吧。无论如何，你是不敢建议用开瓶器这个方法的。在这里我见过人们用牙，甚至眼眶开啤酒瓶的。

　　所以，外国人，你需要学会至少十种开啤酒瓶的方法，其中有两种必须是用打火机和勺子的。乌龟壳法可选可不选，但是我并不排斥这种方法。

KLACK!

BIER

18 直奔主题

英语不是关于你说什么的语言，而是你如何表达的语言。德语兼而有之，但更接近于前者。因此德国人说的话往往很直接，很少有含混模糊之处。如果你愿意的话，这种语言的效率会无情地高。例如，在英语里如果你想让某人为你做某事，你并非走到那个人面前，要他帮你做某事。噢，不是的。那样从社会多样性角度来看，是极其失礼的。相反，你必须首先问候他们的健康、他们家人的健康、他们孩子的健康、天气如何、上个周末参加了哪些活动、即将到来的周末有什么计划、最近一场电视转播足球比赛结果是喜是悲等等。只有到这时候，最后你才能说，"另外，"然后你再开始有实际意义的对话，并在这之前强调你觉得这么问让你感到很有负罪感，如果真的不麻烦的话，他们是否能够好心地愿意帮你这个小忙，你会永远感激不尽的。

都明白了吗？

德国人并不是按照这种精心设计、毫无遮掩的虚假友谊方式绕弯子说话。他们只说"我需要这个，在这个日期之前完成。都明白了吗？"之后就走了。一旦你经常练习直奔主题说话，你或许就会发现所用路径很短，但是非常愉快。

至于说话要直奔主题，德国人的确已经意识到，糖衣留给蛋糕是最好的。如果我瞬间出现自命不凡的错觉，我知道我可以永远依靠我的德国女友把我迅速拉回现实中，她只需要说"别臭美了，我们都是一丝不挂来到这个世界上的，拉屎就去厕所"这样的话就足够了。

19 自由谈性

裸体文化

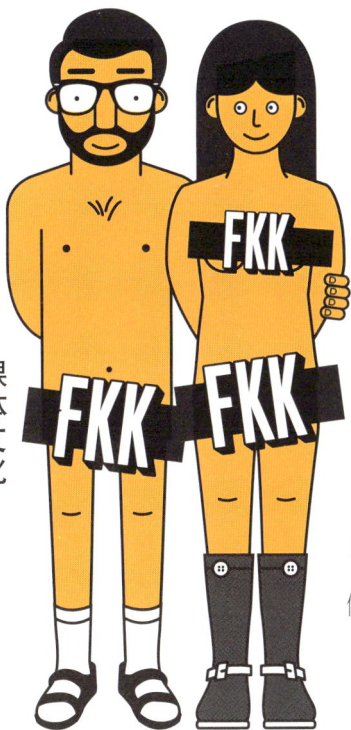

能够生活在一个可以如此开诚布公地对待性的社会，而不需要大惊小怪，真是一件幸事。好像，噢，我不知道，这完全就是正常生活的一部分。在那里，如此寻常的一个举动，在我们腿脚不灵便的年老双亲看来，也是有伤风化的确凿证据。德国人理解这一点。尽管他们有时对性也能稍显冷静客观，但总体认为性并不是什么大不了的事，也不应遭受如此待遇。性就像遛狗或者倒垃圾一样平常。

裸体也被赋予同样浅薄亲昵的含义。尤其是在这个国家的东部湖畔，那里有裸体文化的历史（FKK）。所有东德人看到比小水坑面积大的一片水都想公然裸泳。我曾就此事问过一位男同事，他给我的回答是："如果你从没有和你五位最要好的男性朋友一起裸泳过，那么你就枉为人世！"

因此，拘谨的外国人，放松下来吧，把你的压抑扔进储物箱，用非荒谬的态度来看待裸体和性吧。我相信你会发现自己得到了极大释放。

20 星期天不做事

设想有这样一幅场景：一家废弃的医院里，人们从床上醒来，屋子从里面反锁了，他们不记得是如何到这里来的，浑身虚弱无力。周围一片寂静，静得可怕。他们下了床，走出房间，战战兢兢地来到走廊。周围不见人影，感觉就像是到了世界的尽头。他们冒险走出了医院，试图寻找人类的踪迹，却一无所获。他们开始怀疑自己是否是被遗弃在地球上的唯一人类。也许是因为一场致命病毒所致。寂静，死一般的寂静。这样的场景是不是耳熟能详？没错，大多数僵尸电影都是这样开场的。德国普通的星期天同上面说的情景是一样的，至少在天主教区和农村是如此。这一天，洗车也会被看作是民间治安维持会（vigilantism）与神圣的"星期日

休息政策"之间的对抗行动。

因此把这一天的活动从你的日历上都擦掉吧。这一天你什么事也不做，就是放松，或者去远足。这两者似乎是最主要也是完全自相矛盾的选择。当然也有一种例外，星期天你必须参加的一项活动就是——看《犯罪现场》。

21 看《犯罪现场》

　　我的第一个合租房（WG）里有一台电视是垫在滑板上的，它们共同生活在橱柜里。每周它们只有一次被拉出来放风的机会，就是为了看电视剧《犯罪现场》。我室友的朋友会赶过来。电视就放在厨房，我们共同品尝自己精心烹制的佳肴，之后寂静就降临了，《犯罪现场》仪式正式开始。

　　如果你胆敢问一个德国人"《犯罪现场》真的好看吗？"他们的回答通常都是非常有趣的。你会想到，他们抱着如此雷打不动的热情观看这部电视剧，不管是自己在家里看，还是去酒馆同大家一起看，他们必定是真的非常喜欢这部电视剧。但是他们的回答通常都不是肯定的。他们会做出惊讶的表情，好像这个问题从来没有被问到过，他们以前真的也从来没有想过。就好像你问他们的问题是"你相信重力存在吗?"一样。之后,通常情况下,他们会总结说不管《犯罪现场》好看还是不好看,这都不相干。各种文化都有自己固有的传统,对德国人来讲,这个传统就是星期天看《犯罪现场》。因此对于你来说也是一样。毫不怀疑地用巨大的热情把它作为自己的固有传统吧,此外你别无选择。

犯罪现场

22 不看《明镜在线》就不知道真相

真相在线

TRUTH ONLINE

住在这里你就会发现，德国人天生就不会传播八卦和小道消息。他们更愿意接受同伴间确认过的趣闻和科学杂志刊登的事实报道，谣言只属于那些思想低级的人。奇闻轶事的开头也要冠以诸如"科学家说"或者"经过证明"等说法。但是也有一个例外，这就是《明镜在线》。如果你要到我在德国第一份工作的办公室，就会发现几乎每个人的电脑上显示的都是同一个红黑颜色网站。上这个网站的人太多了，以至于我工作的第一个星期还以为这是公司的内网。后来我知道了，它是《明镜在线》，这是一个让事情成真的地方，不是因为他们的新闻质量，而是因为这个网站在德国的受众范围实在是太广了，好像人人都看《明镜在线》。

　　午饭时，我的同事可能会在餐厅里讨论他们从《明镜在线》上看到的消息，因为他们确信，其他人一定也看了这些报道。但是令人好奇的是，将来如果同样的话题再次出现，他们都会遭受"《明镜》健忘症"之苦，因为他们忘了从哪里获得的这条信息。我猜这是因为没有人愿意承认，他们看的都是同一条消息。因此他们会说"我从某处读到……"或者"我记不得从哪里听说过……"诸如此类的话。

　　当下次发生这种情况时，你可以礼貌地提醒他们：你是在《明镜在线》上看到的。不看《明镜在线》就不知道真相。

23 永远送上友好的祝福

一条互联网上公认的规则就是，不管你说了多少你想说的事情，只要你在结尾打个 :)（笑脸——译者注）即可。LOL（大笑——译者注）这个符号可选可不选，但鼓励使用。这样做就消除了信息接收方（被你嘲笑的受害者）被冒犯的可能性。毕竟有一个笑脸嘛，这就是个玩笑。如果你被冒犯了，那是你的错，你应该有点幽默感。德国人在沟通中也有类似的规则。但是他们把笑脸替换成了"亲切的祝福"（LG）、"友好的祝福"（MfG）、"重

亲切友好的重重祝福！

重祝福"（VG），或者极富创意的"亲切友好的重重祝福"（MvflG）。这个可能是我刚刚编得，或许也不是。你尽可以随你所想，展现自己咨齿而又咄咄逼人的一面，只要你发的信息是用"亲切的祝福"或者"友好的祝福"这样的礼品纸包裹着就没问题了。例如：

"亚当：

"你好。我真的很喜欢你的《走近德国》这本书，而且我就是德国人！但是，你写错了。第 1 点、第 52 点、第 74 点、第 1213 点、第 835534 点都是错的。你也没提到德国铁路。你为什么不说说我们德国人那么痛恨的德国铁路?！真是不可原谅。我恨你。我现在就想像虐待狂那样慢慢地折磨你死去。我正在想如何处理你的尸体呢，或许我会把它当成玩具，玩弄玩弄它。我很可能会腌了它，把你的皮拿来做一个舒适的靠垫。

"顺致亲切友好的重重祝福。

"斯黛芬"

我无意质疑德国人结尾加上祝福语的逻辑性，这是从一开始就作为传统保留下来的做法。因此，你只需要记住在所有东西的结尾处加上"亲切友好的重重祝福"即可。让我们继续进行。

24 干杯！！！

　　已经走了 24 步了？哇，你成为德国公民的求索之路差不多走了一半了。时间可过得真快。我现在几乎都认不出你来了。让我们喝一杯庆祝一下！但首先，德国人在这里有一个习惯，就像是难对付的雷区一样，你需要学会如何避开它——这就是如何"干杯"。

　　我想，干杯以往都是非常有趣的。你们围坐在一起，带着足够的钱买了酒，留下足够的时间去品酒，众多好友都想凑凑热闹，与你共饮。干杯的确是体现欢乐友情的方式，伴随着碰杯声，我们向整个世界和它不值一提的各种问题，高喊一句"去他妈的"，既短促而又给力。当我第一次来到这儿时，是按照英格兰的方式干杯的。也许我们碰杯

了，也许没有，也许我们只是略微举起了杯子，而
不一定要把它送到嘴边，朝着朋友的方向倾斜一
下，然后再喝。或者也许不是这样，我们就直接喝
了。但是这么做在这里是不被接受的。所有人不管
你端的是什么酒水，都必须在一种尴尬的饮酒舞中
你争我夺，每个人都必须和其他所有人非常明显地
轮流进行眼神交流，每个玻璃杯都必须与其他玻璃
杯相碰。之后，如同滑冰比赛一样，裁判在场外观
看，拿着所有参赛队员的打分卡，按照一系列标准
来评判他们参与情况如何，比如"他们是否按照逻
辑顺序顺时针与其他玻璃杯一一碰杯了?""眼睛对
视的时长和专注度如何?"等等。

干杯

25 喝生态饮料，买生态产品

　　一踏上这片异域国度，你就会发现很多德国人把头向后仰着，举起一个标着"生态饮料"（Bionade）的玻璃瓶，把颜色甚怪的液体往嘴里灌。你迫不及待地想学一下。毕竟，这么多德国人喝这种饮料，所以一定好喝，不是吗？嗯，不，不是这样的，只能说这种饮料还可以吧。你的味蕾除了能够分辨出它是一种液体外，其他方面基本上都是差强人意。你会好奇地想，德国人为何对它情有独钟？让我告诉你这是为什么吧……

　　"生态饮料"这家公司是市场营销天才，它把"生态"（bio）这个词嵌在商标名称里了。德国人一旦发现任何冠以"生态"标识或者包含"生态"字眼的商品，都会有一种必买的内在冲动。你可以

把儿童牙齿一样的巧克力棒卖给他们，只要你把它命名为"疑似生态"巧克力棒（duBIOus）即可。让我告诉你这是为什么……

你看，这里的超市是会让人犯晕的地方，你是找不到你想要买的东西的。所有商品似乎都和夸克奶酪（Quark）有关。当你面对着整个一面墙都摆放着不知名品牌时，你想知道哪些质量会好一些。这就是你崩溃的时候，因为这里所有的商品显然都是品质上乘的，或者至少从包装上来看是这么告诉你的。最糟糕的是，即使那些最便宜的、用微波炉加热 60 秒即食的汉堡包也自诩为"优质产品"，或者"超一流优质产品"、高档产品、豪华产品、超豪华产品，甚至超豪华高档产品。实际上，你经常会发现，似乎德国超市货架上摆放的商品质量和它们自我标榜的存在负相关关系。

因此，德国人需要一类新的商品，一类可以代表顶尖的、无可匹敌的消费产品，一类打着质量毋庸置疑标识的产品——那就是生态产品。因此德国人必买的热情又来了，这股势头会继续顽强地保持下去，至少会维持到有人开始使用"超级生态"这样的标签之后，整个循环又重新开始。

26 回收利用

　　德国人都热衷于搞回收利用，因此你也必须在这方面向他们看齐。这或许是因为他们把三件最喜欢做的事情——环保主义、有组织性和肛门滞留人格——合为一项地球保护行动了（弗洛伊德的精神分析学理论中提出，幼儿在 1 至 3 岁肛门期时，由于父母过于重视对其排便的训练，从而在日后养成了其过于重视细节的性格特征。——译者注）。你不妨试试把用纸做的什么东西扔进德国朋友的塑料垃圾桶里，这时警报就会响起，正确回收利用垃圾的讲座就开始了，你们的友谊关系也趋于紧张。

　　我在这里工作的第一个公司里有三个独立的垃圾桶，分别用来装不同类型的垃圾。当然，我们都是按照标识提示来使用这些垃圾桶的。那些没有

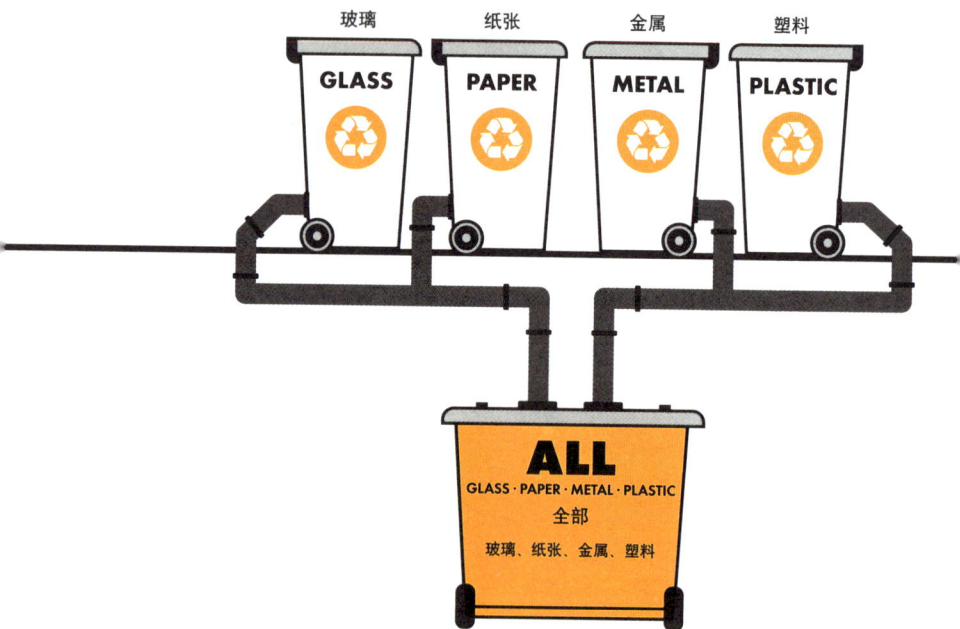

正确回收利用垃圾的人会被大声斥责，之后永远都会被别人警惕，好像他们已经不是人了，而是炸药引爆器，不知何时就会爆炸。有一天，让大家不敢相信的是，保洁员告诉我们，办公室里三个垃圾桶里的所有垃圾到了写字楼楼下中央垃圾室后，都集中在一个大垃圾桶里。我的上帝啊！我们回收利用垃圾的努力算是白费了。你或许会想，了解到这一事实之后，我们终于可以从垃圾分类的烦恼中解脱了，以后就可以开始把所有垃圾都投进一个垃圾箱了，对不对？不对。我们继续像以前那样搞垃圾分类，还是用那三个垃圾桶。因为那是你应该做的。这就是德国。

27 遵守规则

　　如果你曾去过这里的电影院，你就知道电影院的座位和价格有两种——一种是脖子疼的，一种是脖子不疼的。脖子疼的是前排座位，要坐在后面的话，你得多掏钱。我从来没有在其他国家见到这种分级票价制度。同你用笔记本电脑或者躺在床上看电影相比，去电影院看的话你得披衣穿鞋，走出家门长途跋涉到那里，花上 9 欧元，坐在冰冷的黑屋子里，看一场甚至没有正经结尾的电影。同过去那种"从此以后两人幸福地生活在一起"的完美结局不同，现在所有电影都要分成三部曲，之后还有前三部曲，诸如此类。这一点直到你坐在那里观看《蜘蛛侠 417》时才发觉。你一想到这一点，就感觉到这是一套多么恐怖的系统。电影院的确应该为你不辞辛苦地来看它们给你付费，而不是要你为坐在后排多掏钱。但是我跑题了，我最初想说的是……

我之所以在德国还是喜欢去看电影，是因为这是我少有的几次机会，可以带着愉悦的心情欣赏我的德国女友打破规则的时候。转瞬之间我们不再是正常情况下很逊的自己，而是化身为得了肛门滞留人格症、衣着得体、忠实纳税的雌雄大盗邦妮和克莱德。为什么？因为我们从来没有为那些昂贵的

德国出品
遵守规则
版权所有：必须遵守秩序有限公司

座位付过钱。但是我们总是坐在那里看电影。现在随便你受多大刺激去吧……

起初，把她哄骗到后排去很难。实际上，她断然拒绝了，因为这里有规矩。德国人尊重规则和制度，这是本步骤的重点，也是你必须要学会的。尽管这个例子所说的是高度的资本主义规则，但无论如何它仍是一种规矩和制度，一条绝大多数德国人都要遵守的制度。毫无疑问，如果一个普通德国人走进电影院，发现除了有一个人坐在票上标示自己本应坐的座位外，里面空无一人的话，他就会把自己的票反复检查五遍，然后请那个人离开。

这样我就想出了一条妙计。当售票员问我想坐在哪里的时候，或者我在网上预订电影票的时候，我开始选的都是前排最左边的位置。这让我的女朋友很不舒服，她就同意打破规矩，和我冒着违法的风险到后排坐在豪华座位上。也有几次我是搬起石头砸了自己的脚，我是只考虑到用可接受的代价去做邪恶的事情。她惴惴不安地陪我坐到了后排，就好像是我们不只侵吞了电影院 2 欧元，还为抢走欧洲中央银行几百万欧元，雇佣了开保险箱的大盗和四肢灵活的侏儒，拿着爆破钢笔，精心策划实施了这起抢劫行动一样。一坐到后排，她就浑身不自在，直到电影过半，她确信我们坐的这两个位置不会有正义的主人来认领之后，才好起来。此后每当门打开的时候，很显然她的身体就会在自己偷来的座位上蠕动着，看上去好像真的很痛苦的样子，并一遍遍地嘟囔着"我恨你，我恨你，我恨你。"我不知道她是否真的是这么想的。我没有时间去理会这事，因为我正全神贯注地盯着前方，在宽大豪华、脖子一点都不疼的位子上欣赏电影呐。

28 爱车

德国男人把自己的阳具拿出来和他们遇到的其他人比大小是很费时的。这对在场的其他人来讲往往也会让人分心。所以他们就发展出其他的排名方式，而最热衷的就是比车。当我的女友告诉她父亲，她新结交了一个英国男友时，她父亲的第一个问题不是问我姓甚名谁、贵庚几何、何方高就、兴趣爱好等等，而是问"他开什么车？"德国人对车是很较真的，他们的车也造得相当不错。或许这两者之间有必然联系，但是鉴于我想不到有什么笑话能够把两者联系起来，为了方便起见我就把这个事放到一边吧，只是提醒你们：如果你和我一样对车的了解仅限于把它比作自行车，而前者只不过多了两个轮子的话，你就不适合待在这里。做点研究

爱车之心
EIN HERZ FOR MY CAR

吧，在宝马或者保时捷公司找个实习生的位子吧，看看一级方程式比赛，研究一下引擎结构图，为你的车准备冬季用胎吧。不管你是否有车，都得买这种胎。大家还是为此花点精力吧……

29 吹毛求疵

作为推销员，我总是被教育说：永远不要让真理挡住一个好故事的去路。在德国却恰恰相反：永远不要让一个好故事挡住真理的去路。对于德国人来讲，真理是神圣的，要在事实的神坛上祈祷。

因此，当其他人说错话的时候，对他们予以纠正是非常重要的，不论这些话是多么微不足道或者无足轻重。既然他们错了，你意识到了这一点，就有义务告知他们。德国人把其称为"吹毛求疵"（Klugscheissen）。智慧超群、崇尚事实的德国人的确是"吹毛求疵"界的世界冠军。

如果有人说"哦，我们10月底在中国香港待了一周，之后去了上海"的话，就会被他的德国同伴立即打断，并纠正说："不是10月份。我们11

吹毛求疵
但这真没什么了不起的，不是吗？

月 1 日早上 10：37 从柏林泰格尔机场起飞。你在出发大厅还买了一个硬面包圈，不记得了吗？就是带奶油干酪的那种。"

"对，是 11 月 1 日。没错，是我记错了。"

之后其他想加入吹毛求疵大军的人就会补充道："实际上香港作为中国的一部分和上海是不同的。它是特别行政区，拥有特定程度的立法特权。"

"好吧，我们去了上海和香港。香港是中国的一个特别行政区，拥有特定程度的立法特权。从11 月 1 日起我们待了两个星期。"

"是 13 天。我们在那里待呆了 13 天。不是 2 周。"

"咳，我投降了。"

要对付那些总是吹毛求疵的家伙有多种策略：你只需默不作声，把害怕说错话作为你保持沉默的理由；或者你可以自创一件 T 恤衫，上面写上"这真没什么了不起的，不是吗?"，每次出现上述情况时，你就可以指一下它；或者你可以承认你说不过他们，所以就加入他们的行列，不合时宜地指出别人不起眼的事实性错误，并从中获得极大乐趣。

30 审问笑话

德国人不幸地被冠以毫无幽默感的美名，这是不对的。德国人的幽默就像德国面包一样：既黑又干，不适合所有人的口味，但是分量很足。英德两个国家和我们对待幽默的态度其核心差别在于，德国人愿意把他们的幽默逻辑化，而在英格兰有一个概念叫作"随口一说"（flippant remark）。因此，如果天正下着大雨，你可以说"这对鸭子来说是个好天气啊。"你谈话的对象会点点头，或者甚至笑一笑。他们知道，你说的话不合逻辑，只是用一些无关痛痒的话来打破冷场，纯粹是用拉关系的俏皮话来打发时间罢了。至于是否符合逻辑，这并不重要，它不需要你进一步思考。但是到这里，小小外国人，关键问题就来了。噢，是的，对你来讲问题

还很大。你现在是德国人啊，不要单纯从是否可笑来评判这个笑话，业余人士才这么做呐，而你是专业的。首先，笑话要从可行性上来判断。一个关于鸭子喜欢下雨天的即兴俏皮话，可能就会引发一场15分钟的分析会，阐述鸭子对任何一种天气有好坏之分的感受是站不住脚的。不要只是嘲笑爱尔兰人做的那些傻事，询问英格兰人、爱尔兰人和苏格兰人哪里碰面？为什么他们上飞机时只背一个降落伞？这么做真的合法吗？他们如何安排与教皇的一场会见？到底为什么一只熊会走进一家酒吧？

要成为真正的德国人，不管你的俏皮话或者笑话多么短，都要对它严肃认真地作进一步审问，就好像它是一场理智和推理游戏里暴力谋杀案的主谋一样。

31 不要用烛火点烟

作为一名作家，当大家来买我的涂鸦作品时，我就赚钱了。以本书为例，感谢大家购买，您真是宅心仁厚。不幸的是，现在买书的人不太多了。从一些快乐的白痴发明了电影之前就这样了，他们非要让那些在我们面前乱晃的东西吸引我们的注意力。紧接着互联网赶过来告诉大家一切都应该免费。随后世界时间沉没，脸书来了，吞噬了人们所有闲暇时间，让大家整日忙忙碌碌却心烦意乱，无暇坐在屋子里安静地翻几页枯树做成的纸。现如今，写作基本上就成了费力不赚钱的差事了。

有人在乎吗？没有。德国人关心吗？不关心。他们有必要关心这事吗？没必要。

但是德国人的确在试图保护一群自娱自乐且

濒临灭绝的少数派，他们就是地位卑微的水手。下一次如果你去当地的吸烟酒吧（Rauncherkneipe），试试用烛火点烟。很可能就会传来某人"噢"的起哄声、嘘声，或者是摇摇头显示出一副不满的样子。因为你刚刚让另一个水手破产了。干得漂亮，浑蛋。这个搞笑的迷信传说是这样的：很久很久以前，水手们通常都是搞抢劫、做买卖等等这些海上营生。只有冬天里的那几个月很难熬，为了苦撑出海这份差事，他们开始变卖手表以糊口。因此在德国人普遍热衷的逻辑推理支配下，你伸手用烛火点烟时，就暴露了你没有用水手的手表，因此也就剥夺了他们生存的权利，让他们贫苦

无依。有人甚至说，在你用烛火点烟的一刹那，就会有一个水手立刻死去。这种说法没有事实根据，我怀疑是水手们自己编造出来的。

德国人依然相信，水手们应该免受变卖财物之苦。在这一情况改变之前，用烛火点烟仍是不可行的。

附笔：你知道你每次点击 YouTube 观看一段视频的时候，就会有一个小说家死去吗？这是 100% 准确的。所以还是远离那段可爱猫咪的视频吧，你这个杀人犯。

32 上悬窗

　　在韩国，很多人都相信如果开着风扇在密闭的房间里睡觉，就可能导致死亡。人们给它起了一个充满想象力的名字：风扇致死。尽管从科学角度来讲有这种可能性，但是它的概率相当于你同时中了地球上的各种彩票，并被雷击中。尽管如此，还是有很多人相信这种事，因此电扇上都会装有定时器。

　　德国人对风扇致死有自己的说法。由于我们都对德国的建筑师和工程师赞赏有加，许多德国人都相信，他们不会建造空气稀薄的公寓或者住房。结果许多德国人都坚信，如果他们的两室住宅空气不能够正常流通的话，窒息死亡（Erstickungstod）就是个大隐患。因此，德国人的窗户都设计成可以朝上打开，留出约 10% 的空隙并可以把窗户锁定。即使在极寒的冬天，如果你走进德国人的卧室，通常就会发现窗户是那样开着的，屋里冷得简直都能够把肉冻住。如果不那样开窗，就要定期把窗户完全敞开一会儿，让冷空气直灌屋里，驱魔除臭，赶走热气。这也解释了为什么德国人对空调有极度的不信任感，因为空调只是挂在那里嘲笑他们，不断循环制造着浑浊的二氧化碳罢了。

德国人对上悬窗的钟爱造成了重大国际关系问题。英国人的公寓暖气是从 10 月 1 日开始一直打开着的，直到来年 4 月末才关上。所以我们不习惯开上悬窗过冬。这就让我们被迫同德国同伴做起了取暖游戏。我们等到他们睡觉以后，就蹑手蹑脚地关上他们已经开了一天的窗户，然后打开暖气，在温暖而舒适的环境中慢慢沉睡。我们的配偶早上醒来之后会大为惊讶，一边感谢上帝自己晚上没被憋死，一边把暖气立刻关掉，把窗户重新打开。美好的时光就这样结束了。

哦，你必须习惯这种寒冷刺骨的感觉。因为现在你也是开上悬窗一族了。

33 对柏林的复杂感情

　　好吧，年轻的外国人，我们不能让你蜷缩在空气浑浊的公寓里太久。有时你得走出家门，探索这个美好、广袤和香肠天堂一般的国家每个充满异域风情的角落。所以让我们在这本指导书中花几个步骤，帮助你补一些地理课吧。首先是柏林。

　　普通德国人同他们的首都有着复杂的关系。柏林就是德国大家庭里的败家子。柏林富于创造力，但是不守时，喜欢即兴表演电子音乐，没钱付税，同外国人的关系过于亲密。对于很多德国人来说，柏林真的不是他们的首都，而更像是一个庞大的艺术项目，或者社会实验，只有在面临危机需要救济时，才会出现在人们的视野里。对于德国人来

讲，真正的首都可能更应该是法兰克福这样的地
方。有了法兰克福，你就知道自己是在哪里了。

34 讨厌巴伐利亚

每一出童话剧都需要有反面人物。对于德国来讲，邪恶的巫师就是巴伐利亚。首先，它很不幸地恰巧偏安一隅，离我们足够远，所以我们尽情说它的坏话它却听不到；它也不在这个国家的中心地带，所以也称不上具有实际的地理重要性。但是它竟然胆大妄为成为最富裕的州，富了也不低调谦卑，而是呼朋唤友、穿着土气、酒气冲天，还祷告上帝，简直就是农村土包子。这里是更大范围德国人制造笑料的来源地。尽管它只是这个广袤国家的一部分，但是却要为全体德国人 91% 的典型特征，还有 100% 的那些令人讨厌和错误的典型特征负责。

人们对德国有一个地方的生活评价是异口同声的。那里似乎曾几何时搞过一次民调，选出了一位显而易见的获胜者，其结果发布在了《明镜在线》

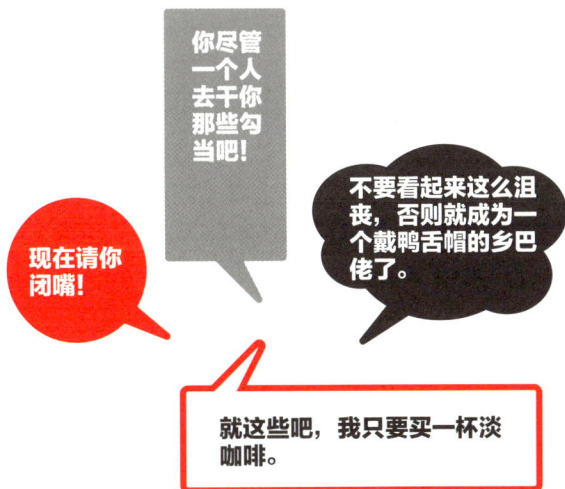

你尽管一个人去干你那些勾当吧!

不要看起来这么沮丧，否则就成为一个戴鸭舌帽的乡巴佬了。

现在请你闭嘴!

就这些吧，我只要买一杯淡咖啡。

上，因此也就成了事实：德国最糟糕的方言就是萨克森方言，这是官方结论。如果你问 100 个人，其中有 99 个人会立即答道"是萨克森方言"。很明显，说这种方言的人并不是真正的德国人，而是有语言障碍的乡巴佬，他们是最近刚刚从山洞里走出来的。当我告诉别人，我是在莱比锡业余大学学的德语时，对方的脸上浮现出惊恐的表情，就好像他们无法相信可以给萨克森语言学校颁发执照一样，就好像我刚刚承认，我的育儿经是迈克尔·杰克逊传授的一样。现在我终于明白这是为什么了。

36 站稳立场与尊重分歧

英国同欧洲大陆有着"它们会还是不会"这样的奇怪关系，你经常会听我们说一些令人困惑的"去欧洲度假"之类的话。你看，即使所有实际的地理边界消除了，思想的边界还可以存在若干年。在这里也是一样。德国经过 20 多年的统一之后，其东/西德分裂的后遗症仍旧存在于许多德国人的思想和偏见里，远远高过他们每月上缴的团结附加税（Solidaritätszuschlag）。你遇到的一些德国人可能从来没有到自己国家的另一半待过超过一个周末的时候。这种思想分歧可以从偶尔的谈话中，或者不同寻常的表达中管窥一斑，比

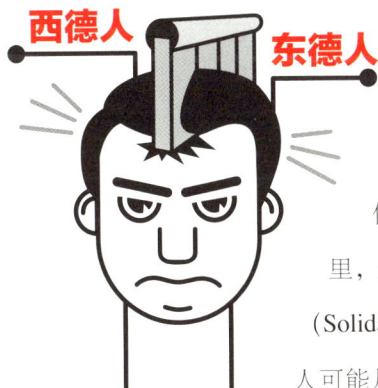

西德人　东德人

如"看望从西德过来的一个朋友",或者"哦,东德那边也有这个?"

如果你和一些东德人(尤其是上了年纪的人)聊天的话,你就会感觉到,他们仍旧没有把西德看成是同一国家的另一部分,而是邪恶资本主义麦当劳似的主题公园。那里下着钱雨,礼品店从来不打烊。同时,上了年纪的西德人把东德看成是座地堡,奥萨马·本·拉登就藏在那里。

37 逃票

在英国，我们知道最大的安全风险在于自满。自满而扬扬得意的人就像尼安德特原始人一样，吃一顿好的就彻底放松下来，躺在火堆边酣睡。因为睡得太沉，他们都没有听到狮子靠近的动静。所以，如同美国一样，我们把社会看作是一个雪花水晶球。只要它看起来像是雪过天晴，一切归于美丽而安宁时，政府和媒体就会把一切又搅动起来。恐怖主义阴谋破产了！我们需要更多的闭路电视摄像头！衰退！传染病在向我们逼近！非典！非洲蜜蜂！

重要的是人们都崩溃了，整日提心吊胆。但是这会让他们时刻保持警惕，保护自己的安全。这就是为什么当一个陌生人在公园里同一个孩子说话

的时候，孩子的父母就会下意识地把这个人当成
是绑架犯或者有恋童癖，因为只有这么做才更加
安全。

由于这种妄想症的存在，当你乘坐伦敦地铁
的时候，就会发现安全保卫无处不在，空气中永远
弥漫着一种介于压抑和即将到来的厄
运之间的味道。

现在抛开这种恐惧吧，年轻的外
国人。在德国，公共交通的动力来自
于信任。也许这个词你很长时间都没
见到过了，我可以向你保证这绝不是
打错字了。这是一种信任，也就意味
着这里没有安全壁垒。这里有自动售
票机，你买了票，乘上了公共交通。
或者你不买票，仍旧可以乘上公共交
通。这就是逃票（schwarzfahren）。选
择是你自己做的，这是一件既愉快而

又自由的事情。如果你选择做不诚实的事，不买票的话，这也可以。尽管德国人素以严守规定而著称，但是许多人仍会逃票，而且毫无羞愧感。你会看到，当检票员走进车厢时，逃票的就知道自己被逮住了，他们厚脸皮地笑了笑，拿出身份证，准备交罚款。看起来好像他们并没有违法，一切都那么顺其自然，若无其事。就好像这么长时间以来一直期待的那张罚单，终于出现在了他们家门口的脚垫上，现在就是交钱的时候了。

38 取得资格证书

好吧，好吧，好吧，最近你们都过得很开心，没错吧，我最亲爱的外国人？你拿着一张还在有效期内的车票，乘着公共交通，同你新结识的可爱的巴伐利亚和柏林同胞们欢呼雀跃。那么谁要为这些美好时光买单呢？当然是你了。现在你就要开始尝试掌握关于德国就业的一些步骤了。

当我第一次来到这里的时候，便得到了这样的建议："在英格兰，酒喝得最多而且还不会吐到自己鞋子上的人能追到女孩子。在这里，对哲学研究最深的人会追到女孩子。"这么说有点夸张，但的确抓住了事实的核心。

德国人由于他们出类拔萃的教育制度（至少同英格兰相比是这样）和极长的学习时间，因而人

证书

兹证明 文学硕士 理学硕士 哲学学士 哲学博士
双元制大学 应用科技大学 法学学士
马克思·姆斯特曼 博士 教授 工学教授

被全德官僚管理机构联合会授予
德国学术头衔研究学博士学位
（签名）

才辈出。结果，他们也就往往要去考一大堆资格证书。

虚荣永远都是需要观众的，智慧的虚荣也概莫能外。因此德国人需要创造条件，以便很有礼貌地提醒其他同胞，自己比他们到底有多符合资格。英国文化中有一种陈旧的想法，就是一切都按名字排序。比如我叫亚当（Adam），他叫约翰（John），这就是在我们头脑中显示出来的技能和智商高低结果。在这里，排序是按照你全名之前或之后用的字母头衔，以及在彼此称呼时用的字母头衔来确定的，比如"博士先生"或者"名誉博士施密特教授女士"……这些和我们太过熟悉的直呼其名那种排序方式一点都不沾边。即使不起眼的门铃也可以为高邻居一头提供机会，因为旁边的名签上可以列出你的学术头衔。

你可以想见，当你告诉你的德国朋友，你只获得过戏剧研究学士学位的时候，他们会偶尔得意地笑笑，安慰地拍拍你的肩膀，就好像他们刚刚发现你已经学会自己穿衣服了，而这一新的发现也值得他们尊敬一样。

39 把你的简历写长一点

你知道，有时当你在线想打开一个网页时，就会出现死机的情况。这没什么大不了的，你只需要等一等，再刷新一下，几秒钟之后页面就出来了。你知道为什么那几秒钟互联网通道被堵住了吗？我知道。因为不知道哪个地方的一个德国人刚才给他未来的雇主发了一封电子邮件，附了一份自己的简历。你看到了吧，德国人的简历同其他国家的不一样……

我在最终获得大学学位之前，要修一门关于如何找工作的特殊课程。我们讨论了面试技巧、人际关系，还有个人简历，包括如何能够让你的简历脱颖而出的写作技巧。这些课的主要内容就是，老师生气地向我们怒吼，把简历改得再短一点。短

ADAM FLETCHER 亚当 弗莱舍

I am a nice man. 我是好人
Good skills. 本领高强
Clean teeth. 牙齿洁净
Hire me. 雇我吧

点，大家改得再短点！他向我们展示说，统计数据
表明一份普通简历的阅读时间只有 4 秒钟，因此我
们要把简历改得再短一点。结果，我的简历只剩下
了四行，变成了"我是好人。本领高强。牙齿洁净。
雇了我吧。"之后是我的电子邮箱地址和一张戴着眼镜的独角兽大照片。

　　但是这种情况在这里不适用。要成为一名真正的德国人，你的简历需至少 17 页长，这还不包括那至少 20 页的附件。现在英国人的简历几乎都变成匿名的了，我们甚至不能再把年龄写上去，以免造成年龄歧视。在这里，你的简历首先是一张自己的专业模特照，之后是你的学术资格。把离现在最远的没人关心的那些放在最前面，比如你的体育成绩。不要在简历里添加任何个人色彩的内容，没人关心你的希望是什么、梦想是什么，或者五年规划如何，把你人生的事实性一面展示出来即可，就像给还活着的人念的讣告那样。这里是德国——我们传播的是事实，而不是趣闻，你这个职业骗子。之后，附上你所获得的所有学位和资格证书扫描件。1998 年你在学校运动会跳高比赛上得了第二名？把它加进去。这反映出你精力充沛而且忠诚可靠。之后再开始准备推荐信，而且越多越好。为了保险起见，你应该让你所认识的每一个人都给你写一封推荐信。在此之后，其他的材料就随自己意愿准备了。1987 年你的一张购物清单？你 9 岁时写的一篇随笔，描写你特别愉快的一次暑假经历，而且还得了 1.0 这样的高分？对，把它们都贴上去。你有兄弟姐妹吗？你的婚姻状况如何？有孩子吗？你父母是做什么的？在评估你是否胜任一份呼叫中心接线员的工作时，这些都是至关重要的信息。为了保险起见，把你提及的所有人的姓名及年龄和职业都列出来。

要想成为真正的德国人，并不在于你给未来的雇主寄了一份简历，而是一大包文件，因为细节决定成败。

40 找一份"正经的"工作

好消息，大无畏的文化使者们，德国经济腾飞了。你也许见不到当地工作代办处那里弥漫的令人困惑的卡夫卡式的绝望氛围了。甚至在东德，原来苦苦挣扎的城市如莱比锡，也重建成了繁华热闹的物流枢纽。因此，你拿着各种新的资格证明，再配上你名字前的各种头衔，你找工作一定没有问题。但并不是所有的工作都会获得同等褒奖。德国人心里有一个从不说出口的职业等级排序，尽管都心照不宣，但是从来没有人愿意承认。这些都是真正的工作，但并不是正经的工作。在德国，要称得上是职业的话，就需要至少存在 100 年以上，还要能够和科学沾得上边，或者一生至少有一半的时间是处于深入学习的状态，并有获得 67 种不同学术资格证书的机会。这样的职业外人是无法渗透进来的，而且都是以复杂的专业术语作为保护盾的。理想情况下，这些职业的名称应该以 e 开头，以 ngineering 结尾（这里是把英文"工程"一词拆分了——译者注）。但是其他可接受的职业包括科学家、律师、医生、教师，还有涉及大规模组织活动的职业，如物流，以及任何与车有关的职业。至于其他工作，当别人问起你的时候，发生在我身上的事情就会降临到你头上。当我回答"我是一名推销员"的时候，有人就会说"这不是份正经工作，不是吗?"

德国寻找超级职业

41 不会讽刺挖苦

做个英国人并不容易。基因长得不好，吃得也不好，而且遇到什么事往往都先自己道歉，包括要为任何事情道歉而道歉。事情难办的另外一些原因同英国蒙提·派森喜剧团有关，仿佛人人以为全英国 6 千万人都吃马麦酵母酱（Marmite），都是单口喜剧演员，而且什么事情都做不好，只会对本岛同胞们的妙语连珠捧腹大笑，笑弯了腰。结果，社会压力逼迫我们必须永远搞笑。毕竟我们是英国人，你知道我们都是蒙提·派森，诸如此类的说法。

德国人遭遇的是相反的问题。对他们来讲，搞幽默是很困难的，因为没有人觉得他们有幽默感，因此他们就加倍努力，以证明别人的想法是错误的。这经常就意味着，当有人拿德国人开个拙劣的玩笑，说他们毫无幽默感或者不恰当地说了些战争方面的笑话时，德国人就会有两种处理方式。一种是尽管这个笑话一点都不搞笑，他们也可以报之一笑，以证明德国人的确是有幽默感的，但是这只会增加让别人继续说这些拙劣笑话的可能性，而德国人被迫得继续赔笑。另一种选择是德国人就是不笑，这又加深了大家对德国人毫无幽默感的思维定式。这真是一出进退两难的喜剧。

德国人遭遇的一个类似问题就是说风凉话。讽刺挖苦并不是德国喜剧的流行元素，而主要是由在海外的德国人从其他地方引进来并加以实践而成的，就像把登革热病毒带到德国，感染了德国人发笑的骨头，并从此要感染所有德国同胞们一样。从我个人的经历来看，德国人说风凉话有 90% 的情况都会归于失败，因为没有人相信他们是在说风凉话，因此大家都把他们的话当真来听，结果对话就

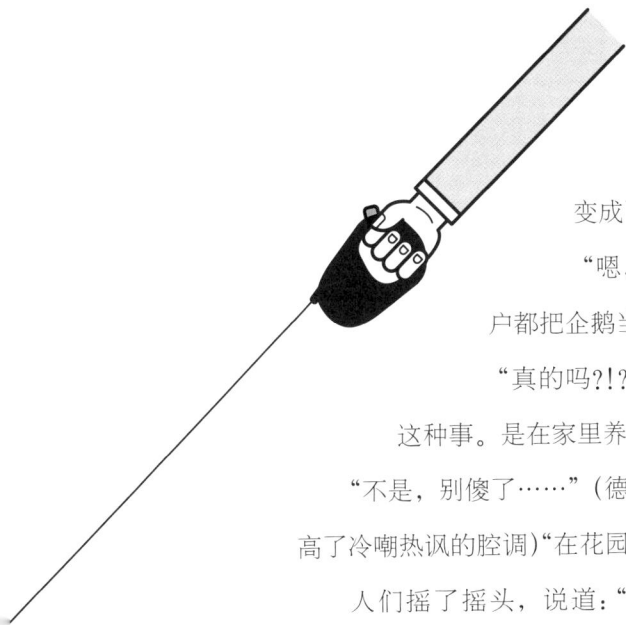

变成了这样：

"嗯，对，在芬兰家家户户都把企鹅当宠物养。"

"真的吗?!? 我从来没有听说过这种事。是在家里养吗?"

"不是，别傻了……"（德国人开始翻白眼，提高了冷嘲热讽的腔调）"在花园里的圆顶雪屋里养!"

人们摇了摇头，说道："真的吗?! 这没有道理啊。"

"是啊，是真的啊。企鹅就是芬兰犬。芬兰人都是牵着它们出去遛弯的。通常一大清早，你就会看到企鹅们摇摇摆摆地在大街上走着。"

"《明镜在线》报道这件事了吗?"

"报道了，上《明镜在线》了。他们还采访了其中的一只企鹅。"

"这不合逻辑啊。人们怎么采访企鹅啊?"

"噢，我的上帝啊! 我在讽刺挖苦你呐! 当然他们不会把企鹅当宠物养啊。"

在我们的朋友圈里，我们做了一种"德国人冷嘲热讽卡"，以避免出现这种问题。它不是一张真正的卡片，而更像是一张想象中的仪式卡，就像足球裁判举起一张红牌一样，你就把这张卡片举过头顶，这样所有人都知道你要开始说风凉话了，大家可以准备笑了。尽管这就像自行车胎被扎漏气一样，说风凉话本身的一些乐趣也没有了，但是还是能够让德国人成功地参与到精简版讽刺挖苦游戏中。

42 学会享受官僚体制

我是真的喜欢看那些略显浮华时期的电影，那里有国王、伯爵和骑士。这些电影里总会有这么一个桥段：信差携带着蜡封的官文，被命令"必须即刻出发"以尽快送达，他骑着马经过一夜奔波，终于到达了目的地，号声响起，吊桥放下，信差纵身下马，气喘吁吁地说了一句极其庄重的话："我从爱隆宫跋山涉水而来。"

如果说德国现在还是这样，未免有些言过其实。但是就像那遥远时代的人一样，德国人仍旧沉迷于权威仪式中。他们愿意把自己比作诗人和思想家，但也许他们更像是盖图章的和搞标准的。好像他们把官僚机构的繁文缛节并不太当作是一种限制，而是给他们提供了安全可靠的衬垫，避免他们受到人生锋利尖角的伤害。

如果公文大赛也是一项体育运动的话，我很自信地提示你，德国人会拿奥林匹克冠军。他们坐在那里，拿出小木桩似的图章，推过来一辆小推车，上面堆满了让人目眩的各种不同种类的回纹针、超级专业的办公用品，还有充斥着各种复杂德

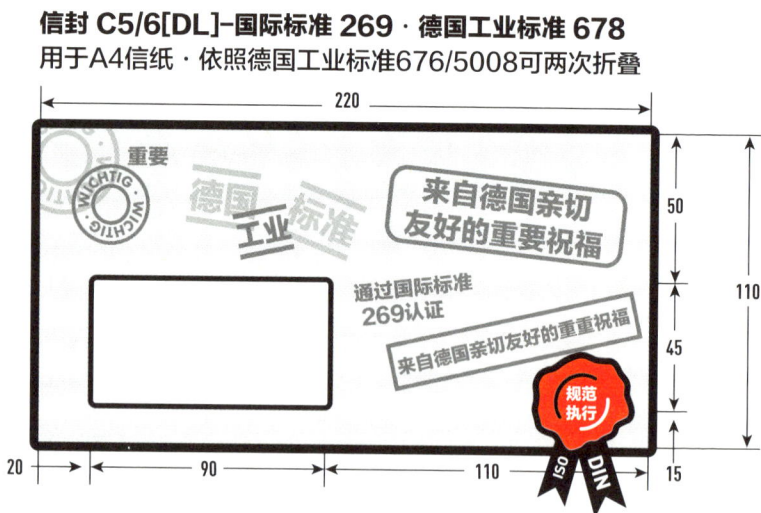

信封 C5/6[DL]–国际标准 269 · 德国工业标准 678
用于A4信纸 · 依照德国工业标准676/5008可两次折叠

文法律术语的官方文件，比如提供法律保护保险的公司（die Rechtsschutzversicherungsgesellschaft）文件。

在这场标有注解、做好分类、通篇做满重点标记的公文大赛中，德国人常胜不败。

43 好的，好的；那好吧；原来如此；明白了；就这样

德语貌似很可怕，不管你付出多大努力，都可能会沮丧地发现，你永远也不会卷起舌头说好这一最复杂的语言。不用担心，现在我来帮你。我就不想告诉你之前学习这种语言的惨痛经历了，因为你可能并没有付出很大精力，用传统而痛苦的方式去学习德语。朋友，不必担心，你可以现在即刻就开口说德语，至少是绝大部分德语都可以说了。重要的就是寒暄部分，你需要学的就是五条最重要的德语口语短语，它们占了口语对话的60%：好的、那好吧、原来如此、明白了、就这样。整个对话仅需要这些灵活的德语短语就可以完成，而且几乎可以按任意顺序排列组合：

"怎么样？"

"挺好的。"

"那就好。"

"你怎么样？"

"还好。"

"那就好，那就好。"

(停顿)

"就这样？"

那好吧　明白了

原来如此　就这样

44 实用胜过一切

　　我和我的德国女友有一个经常争论的焦点问题，我认为这一点也能够折射出更广泛层面上德国和其他民族之间存在的意识形态鸿沟。这条鸿沟或许你也经常需要跨越，我们把其称作英国浪漫主义与德国实用主义之争。任何人只要见到英国妇女参加冬季社交聚会时穿的晚礼服，就知道实用主义不是我们关心的首要问题。我们就像喜鹊一样，把各种闪亮的东西都储藏在一起。我们首先按照美学价值对事物进行评判，之后（或者没有之后）再对它们的实用性做出判断。德国人一般认为实用性超越其他一切价值。这就是为什么他们经常会有下面这些说法：

　　"这根本不合逻辑。"

"这根本没有道理。"

"一点用都没有。"

"真是毫无意义。"

现在，你不必等到有人敲你门，向你兜售巧克力茶壶这种无用的东西时，才说上述这番话了。

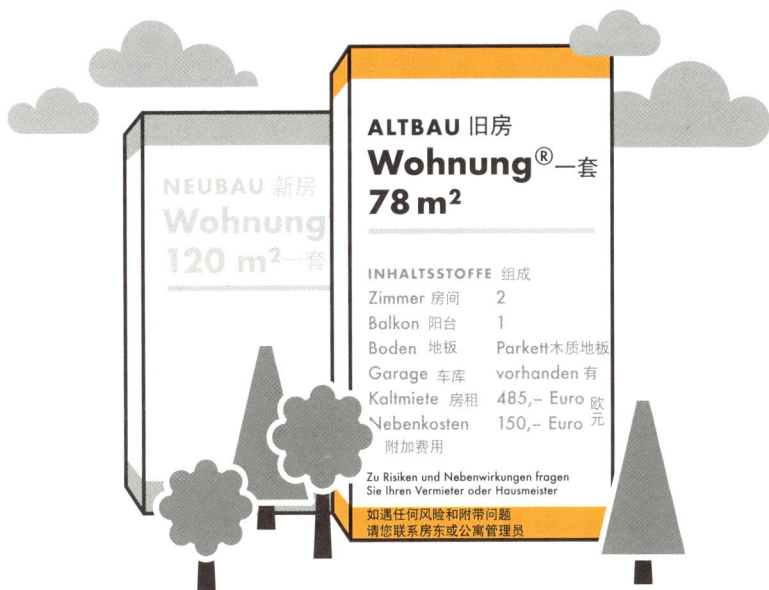

NEUBAU 新房
Wohnung
120 m²一套

ALTBAU 旧房
Wohnung®一套
78 m²

INHALTSSTOFFE 组成
Zimmer 房间　　2
Balkon 阳台　　1
Boden 地板　　Parkett木质地板
Garage 车库　　vorhanden 有
Kaltmiete 房租　485,– Euro 欧元
Nebenkosten　150,– Euro 欧元
附加费用

Zu Risiken und Nebenwirkungen fragen
Sie Ihren Vermieter oder Hausmeister

如遇任何风险和附带问题
请您联系房东或公寓管理员

相反，当你不同意别人观点时，就可以用这些说法，在这里是很平常的。

　　这种文化差异在讨论公寓房时是极其明显的。要成为德国人，在问到你的公寓时，你的回答必须是纯粹的、毫无遮掩的事实，就好像你在讨论的不是你抚育孩子的地方，而是在读一份犯罪案件记录或者医疗处方。了解每一平方米具体需要多少欧元对你来说至关重要，这只是第一步。之后，你必须要清楚这套公寓房面积到底有多少平方米、有多少间屋子。然后再谈租金和额外费用。如果有阳台的话也要说明一下。接着就要讲清楚木质地板的确切种类。所有德国人都是各式木质地板的专家，可以对每种木质地板的特点侃侃而谈。但重要的是，不管怎么说，你只是穿着居家鞋踩地板。之后，你可以说明这套公寓房的地理位置在哪里，或者你是不是真的喜欢它。当然这完全取决于你自己。毕竟，你已经说完了所有重要的方面了。

45 旅行也要严阵以待

好的，我得说你的确很努力地在学习如何融入德国社会。现在你可以休息一会了。去国外度个假如何？遗憾的是，要同德国人一道旅行或者你本身就是德国人要去旅行的话，会有很大问题。如果你行为得体，哦，如果你是一名文化探索者的话，你就可以学到很多东西。看吧，新陆地＝新风险。《德国假日计划》(German Projekt Urlaub) 里的第一步就是要你了解国外目的地的潜在危险，确保这些危险可以通过各种保险保障和恰当的旅行装备予以消除。即使是去波罗的海这种周末短途旅行，你也需要穿上装有特殊鞋底的高科技登山鞋、带拉链的可拆分长裤 (zip-off trousers)、金属饮水罐，还有一大堆为登山者准备的特殊挂钩器材。地图必须是印刷版的，路线一定要规划好，要有备选路线，还要有备选的备选路线。一到了比较远的地方，当德国人看到这些国家的运行不是很有效率的时候，他们通常都会比较失望。他们的不满情绪会体现在这样的话里："他们说公交车下午6点就会发车，现在都已经6点一刻了。典型的低效率！""浴室通风这么差，简直就是霉菌温床嘛。"或者"分开付账这么简单的事，对这些人来说有这么难吗？"

在海外的德国人既是旅行者，也是技术核查人员，他们用眼睛寻找违反健康和安全规定的地方，标出紧急出口和卫生间的位置。你会发现他们一到了餐厅，眼睛就会转来转去，在脑子里规划设

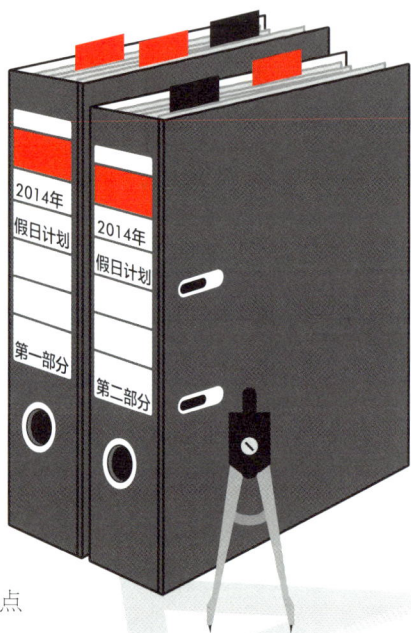

备的摆放位置，以达到最佳的通风效果。旅行对于他们来讲，有点像是有机会练习他们所掌握的各种外语，但主要还是想借此获得第一手材料，以提醒自己德国的一切已经比这里要好到什么程度了。

46 懂得过生日是很严肃的事情

在德国，过生日绝不仅是为了吃口蛋糕，而随便找的一个借口，或者是不停被别人问到那些恼人的问题，比如再过一天又多长了一岁，你的感觉如何等等，之后就是烂醉如泥，在一堆衣服底下昏睡过去。不，在这里，过生日是一件很严肃的事情。实际上，如果你像那样过生日的话，造成社会失礼的可能性是很高的，因此你最好还是取消整个庆生活动，远离喧嚣，孤独终老吧。首先，请记住是你要把蛋糕带到办公室分给所有人的。尽管这是你的生日，大家都应该对你有所表示，而不是相反。还有一点至关重要，那就是你只能在生日的那一天庆祝。对于长在英国的我们来说，可以自己选择哪一天过生日。因此如果我们的生日是星期二，

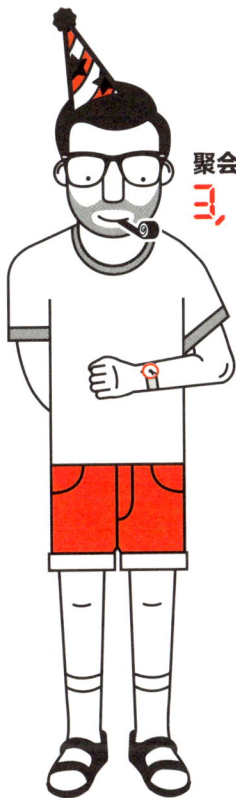

聚会倒数:
3, 2, 1…

就可以把它挪到之前的那个周末去过，那一天就是我们的生日。我们会收到礼物，大家会祝福我们生日快乐，我们会办个聚会。之后来临的星期二就跟其他星期二一样过了。毕竟，我们已经在之前的星期六过生日了。生日只是一个抽象的概念，意味着这一天社会认可你可以戴上生日聚会帽子，并独享所有的关注。

在德国，你就不能这么把庆生日期给改了。如果你是 3 月 1 日出生的话，你的生日就必须在这一天过，那就是你的生日。这一特别的日子是为纪念你从你母亲身体里被驱逐出来了。你能够改变自己生日的可能性，同可以长出第二个鼻子的概率是一样的。因此不要试图改了，你这个骗子。如果你有某些符合逻辑的原因要改变生日日期，你就只能把生日日期延后，因为在你实际出生日期之前给你庆生，在这里被认为是要走霉运的。根据这里人们对于庆生这件事情迷信的程度来看，你在实际出生日期前过生日寻死的概率大约是 74%。另外一点也很重要，你得知道你是几点几分出生的，这样你庆生的真实感和准确性就更高了，毕竟这也是非常重要的。

47 除夕夜看《一个人的晚宴》

　　如果我告诉你每年有一天晚上，所有德国电视频道都会播放同一部电影，而且是整晚循环播放，你会不会觉得……为什么？哦，那一定是一部特别的电影。是《大白鲨2》吗？我最喜欢那部电影了。

　　我也不太确定为什么会这样。还有，不，它不是《大白鲨2》。实际上，它是一部英国电影，甚至更让人惊讶的是，这部电影连音都不配。它也不是所有英国人耳熟能详的电影。如果你走在英格兰的大街上做一次调查，问问大家哪部英国电影如此深受德国人喜爱，以至于每年都有一天晚上所有德国电视频道会循环播放的话，我非常确信地提示你，这部电影根本就上不了你的名单。这是一部连英国人自己都不知道它是英国电影的英国电影，或者它到底是不是电影，还是它真的存在也未尝可知。

这是一部画质模糊的英国现场表演黑白喜剧片，叫作《一个人的晚宴》。德国人已经连续 40 年左右在除夕夜播放此片了。我认识的一些德国人自称，这部电影他们看了都快 40 年了，有时一晚还要看几遍。看这部电影已经成了固有的传统，老少皆是。由于几乎各大频道都播放这部电影，因此很难忽视它的存在。即使你在参加一场除夕夜聚会，背景播放的可能就是这部电影。这就像一个老朋友每年只会冒出来一次，以此为纪念，你们会举办一场小型聚会一样。

好像没有人能够说得清为什么或者怎么《一个人的晚宴》就变成了除夕夜的一项固有传统。我有一种解释。我认为很明显，电视频道的老总们为整个一年都强迫人们观看糟透了的配音节目而深感内疚，因此他们聚到一块儿想做些补偿，并一致同意，所有频道要找一整个晚上，循环播放一部英语电影。这就像在桑拿房里，你找到了冰冷的瀑布池一样，在经历了短暂而刺激的洗礼之后，你又回到了正常状态。他们之所以选择除夕夜，是因为他们猜想这一天晚上不会有人坐下来看电视的。毕竟这里是德国，大家都出去跳舞了，沉醉在杜松子酒中，或者干脆出去把什么给炸了，对吧？嗯，差不多吧。这就引出了我要说的下一个步骤……

48 忘掉你曾经听说过的烟火吧

电影《柳条人》（*The Wicker Man*）用了四分之三的篇幅来讲述一个外国人如何调查一个奇怪地方的故事。那里的人民热情好客，但有点怪异的是，他们都一直赤裸着身子。主人公正百思不得其解之时，突然赶上了一场节日庆祝活动，所有人都彻底疯狂了。当他试图恢复秩序，提醒所有人他们的行为是多么危险时，这些人不仅不理睬他，还把他拖到某个地方烧死他。

这不是一部虚构片的情节，而是对德国除夕夜的真实描述。

在英格兰，我们被教育说，最危险的事情就是你身上沾了花生酱还去和狮子摔跤，或者赶上下雪天什么事情都做。除此之外，最危险的事情就是放烟火了。每当你点着一个花炮，你立即死亡的概率大约是 50%。我不知道这与烟火本身是否有关，还是说很多年以前，有人对英国人施了吉卜赛诅咒，反正从那时起我们就忙不停地把自己炸上天。烟火非常危险，以至于我们还搞了全国性的电视广告运动，就是为了提醒大家放烟花有多么危险。没错，是烟花。我想每年因为用枕头打闹或者椰子掉下被砸中而受伤的人数，都要比放烟花的还多。在这里，我曾见过人们在人群密集的音乐会现场中间点着了烟花，把它们插在蛋糕上，甚至在室内放烟花。室内啊！简直难以置信。

我曾经看见有人故意朝着一个骑自行车的妇女放了一枚火箭炸弹，正好戳在她的胸口上，她尖叫了一声。这枚火箭炸弹被弹了出去，熄灭了。这样的结局实在令人扫兴。我在英国受的教育教导我说，她应该已经自燃起来了，之后这个肇事者会因为公然的恐怖主义行为而立刻被关进监狱。

在德国除夕夜这天晚上，所有和善的、正常的、务实的、厌恶风险的德国人都变成了兜售火药、自寻死路的纵火犯。德国人毫无顾忌地放纵自己，四处乱窜燃起烟火。这个国家的一些地方变得更像是集市日那天的巴格达闹市区。在德国，除夕夜走出家门，就好像是踏进了宏大的、有 8 千万人一起玩《炸弹人》的游戏场景一样。

也许从这里你能够得到的唯一慰藉就是，如果出了什么乱子，每个人都会得到合适的保险保障。

49 讨厌流行音乐，但歌词耳熟能详

如果你曾经看过 1999 年《制造偶像的手》这部电影，你就会知道有一种极其罕见的病症叫作"异己手综合征"（Alien Hand Syndrome），即一个人的手发展出了自己的意志，违背其主人的意愿而自由活动。德国人也遭受着名气没有这么大，但是同样让人虚弱无力的病症，与"异己手综合征"相似，只是这种病症侵害的是整个机体，它被称作"流行音乐病"（Schlageritis）。

如果你同德国人在某处啤酒花园围坐在一起，聚会中间总会有人播放一些流行音乐。你会发现"流行音乐病"的症状立刻出现在德国同志们的身上。首先，他们会发出咕哝声、哀叹声，以及对这种噪音的抱怨声。之后，他们会告诉你，自己是多么讨厌流行音乐，听这种音乐就等同于你的智商每三分钟就被侮辱一次。唯一不同的是，这里添加了人造鼓点。不用理他们，他们是想同"流行音乐病"保持距离，这是一种排斥反应。接下来，你会注意到他们的手开始略微动起来，这几乎是违背他们意志的。然后，他们会试图继续正常说话，但是偶尔会有一两句歌词从他们嘴里冒出来。每个德国人都自动记得任何一首流行音乐的每一句歌词，这是与生俱来的知识，通过基因传承，就像热带雨林里的部族人一样本能地知道，哪一种植物可以食用，哪一种植物会让你化成疙疙瘩瘩的死人汤。

他们试图对这种不断恶化的症状予以反击。为了控制他们的手，他们可能会坐在手上，之后大声讨论他们又发现了什么新的保险产品，或者试图讲个笑话，以分散注意力。或许他们会建议别人发明一种流行音乐保险，以便每次有人被迫听到流行音乐的时候，就会得到补偿金。到目前为止，他们还是在椅子上浑身难受地扭动着身子，而他们的身体却在试图强迫他们站起来，去跳舞、唱歌、向陌生人祝酒。

就在这时，他们只剩下了两种选择。他们可以再次提醒你，自己是多么讨厌流行音乐，然后强迫你同他们一起离开。或者他们向"流行音乐病"屈服，在聚会上就此彻底放松下来。通常他们都会

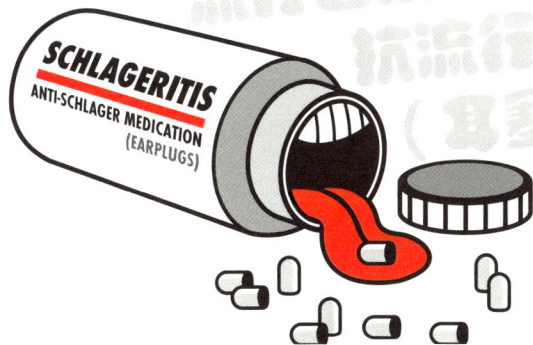

选择离开。如果他们选择了第二种方式，就会偷偷摸摸地去做，用冷嘲热讽去掩盖他们愉悦的心情。流行音乐太糟糕了，我用假装说它好来表示我对它的嘲笑。看看我咧着嘴笑得多么假！我很尽兴吗？啦啦啦，"我头上没有洋葱，我是烤肉。"嘿！

　　别被骗了，外国人，他们喜欢流行音乐。你一定也是。

50 说"再——见——"

好吧，就像所有美好的事物一样，即使这趟介绍德国文化的愉快之旅也要临近终点了。我为你们而感到骄傲，我亲爱的外国人，因为你们通过了前49步。现在还把你们叫作外国人合适吗？不合适！我觉得不应该这样了，再也不应该了。很明显，你们的确在努力融入这个对外国人来讲并没有给予他们最热烈欢迎的国度。你们的坚持和热情值得高度赞扬。毫无疑问，你们已经有了长篇个人简历，吃了漫长的早餐，也有了更多的资格证明。对这个美好而享有盛誉的国家来说，你们也有了一席之地，祝贺你们！我可爱的德国荣誉国民。那么现在，我满怀不舍，最后感谢你们快看完这本书的时候，唯一要做的一件事情就是说"再——见——"，再——见—— 再——见—— 再——见—— 再——见——

这就是第 50 步。

　　除了慕尼黑啤酒节之外，从来没有听说过德国还有其他放纵之时。实际上我们的确要感激它的稳重和谦逊，这是非常好的性格特征。而我们英国人却靠着银行信贷，过着快乐的日子，把几十万英镑投在我们称之为房子的小盒子上，而德国人却租房而居，生活在他们喜欢的厨房里。但是在一件事情上，他们真的是愿意无拘无束，真的愿意疯狂而炫耀一番，这就是在他们说"再——见——"这个词的时候。

　　我真的不确定"再见"这个词中间能够再重

复使用多少遍"再"和"见"这两个字。但是我非常确定，这些字你是在拼字游戏板上写不下的。说一次"再见"就需要大约 5 秒钟，不是由你本身的嗓音发出的，而是从声音更动听、更富歌唱性、音高恰到好处的另一个你那里借来而发出的。

"再——见——"，德国荣誉国民，"再——见——"。

责任编辑：曹　春

装帧设计：木　辛

图书在版编目（CIP）数据

一个英国人眼中的德国／（英）弗莱舍 著；李旭东 译 . — 北京：
东方出版社，2016.9

ISBN 978 - 7 - 5060 - 8906 - 7

I.①—… II.①弗…②李… III.①德国－概况 IV.① K951.6

中国版本图书馆 CIP 数据核字（2016）第 013078 号

一个英国人眼中的德国

YIGE YINGGUOREN YAN ZHONG DE DEGUO

［英〕亚当·弗莱舍　著　李旭东　译

东方出版社出版发行

（100706　北京市东城区隆福寺街 99 号）

北京盛通印刷股份有限公司印刷　新华书店经销

2016 年 9 月第 1 版　2016 年 9 月北京第 1 次印刷

开本：850 毫米 ×1168 毫米 1/32　印张：4.75

字数：55 千字

ISBN 978 - 7 - 5060 - 8906 - 7　定价：23.00 元

邮购地址 100706　北京市东城区隆福寺街 99 号

人民东方图书销售中心　电话（010）65250042　65289539

版权所有·侵权必究

凡购买本社图书，如有印制质量问题，我社负责调换。

服务电话：（010）65250042